MERIAN *live!*

SALZBURG
SALZBURGER LAND

Georg Weindl ist freier Journalist und Buchautor und lebt im Chiemgau sowie im Salzkammergut. Sein Schwerpunkt sind Ziele in den Alpen und in Italien.

W0052273

 Familientipps

 Barrierefreie Unterkünfte

Hunde erlaubt

Umweltbewusst Reisen

FotoTipp

Ziele in der Umgebung

Faltkarte

Preise für ein Doppelzimmer mit Frühstück:

€€€€ ab 200 €   €€€ ab 100 €
€€ ab 50 €   € bis 50 €

Preise für ein dreigängiges Menü ohne Getränke:

€€€€ ab 40 €   €€€ ab 30 €
€€ ab 20 €   € bis 20 €

INHALT

◄ Zeller See mit Blick auf Thumerbach,
Schüttdorf und Kitzsteinhorn (► S. 91).

Unterwegs in Salzburg und im Salzburger Land   34

Seen und
Salzkammergut

Salzburg

Tennengau

Pinzgau

Lungau und
Pongau

Touren und Ausflüge   102

Wissenswertes über die Region   108

Karten und Pläne

Willkommen in Salzburg und im Salzburger Land

Vom flachen Land im Norden bis zu den schroffen Gipfeln im Süden bietet die Region eine einzigartige Vielseitigkeit.

Jedes österreichische Bundesland hat seine Klischees und Markenzeichen: In Tirol sind es die Berge, in Kärnten hingegen die Seen, in der Steiermark die Weinstraßen. Nur Salzburg und das Salzburger Land sind anders, denn kaum eine Region Österreichs ist so vielschichtig.

Würstlstand und Festspielprominenz

Salzburg, die Kulturmetropole, gibt sich elegant und gebildet, lebt gut mit dem Rummel um Mozart, zeigt sich aber auch geschichtsträchtig und nostalgisch. Man kann sich den verschiedenen Charakteren Salzburgs natürlich bei einem Spaziergang durch die Altstadt annähern. Zwischen den weitläufigen Plätzen und den mächtigen Sakralbauten entdeckt man vornehme Restaurants und Luxushotels, nostalgische Gasthöfe und Kaffeehäuser sowie die unverzichtbaren Würstlstände. Hier findet man traditionelle Trachtengeschäfte neben teuren Designerboutiquen. Wenige Schritte vom berühmten Festspielhaus kaufen die Salzburger in der archaischen Stiftsbäckerei ihr Brot. Marktfrauen begegnet man genauso wie internationaler Kulturprominenz.

Oder man widmet sich der Lebensart der Salzburger eingehender und lässt sich in einem klassischen Kaf-

◂ Der Salzburger Dom (▸ S. 38), gehört zur UNESCO-Welterbestätte »Historisches Zentrum der Stadt Salzburg«.

feehaus am Salzachufer nieder. Von hier streift der Blick über den Fluss hinüber zum Mönchsberg, sodass man die Touristenscharen, die über die Brücke Richtung Getreidegasse und Mozarts Geburtshaus pilgern, fast vergessen könnte.

Bei einem kleinen Braunen oder einer Melange sieht man dem Oberkellner zu, wie er mit einer Mischung aus dienstfertiger Freundlichkeit und gewachsener Autorität den Service organisiert – in einer Art, die man sonst nur von alten Filmen her kennt. Der Gang ins Kaffeehaus ist für die Salzburger ein Ritual wie für die Italiener der Espresso an der Bar. Nur mit dem Unterschied, dass man sich Zeit nimmt für ein Gespräch oder gar die Stunden bei der Zeitungslektüre verstreichen lässt. Auch so ein Klischee, wenn man will.

Eine Entdeckungstour durch Salzburg muss sich wahrhaftig nicht auf die Protagonisten der Hochkultur beschränken. Neben Mozart und den Festspielen gibt es viele kleine feine Preziosen, Theater, Galerien und Musikgeschäfte. Man muss sich auch nicht für teures Geld in die reichlich vertretene Fünfsternehotellerie einkaufen – auch wenn die eleganten Suiten im Sacher oder die romantischen Zimmer im verwunschenen Schloss Mönchstein ein Traum sind. Mittlerweile gibt es etliche charmante Boutiquehotels, die nur wenige Schritte vom Stadtzentrum entfernt sind.

Keine Frage, Salzburgs Gastgeber sind durchaus kreativ. Das unterstreicht auch das mittlerweile recht umfangreiche Gastronomieangebot des Red-Bull-Gründers Dietrich Mateschitz. Seine Edellokale am Hangar-7 direkt neben dem eindrucksvollen Flugzeugmuseum gehören mittlerweile zu den Top-Adressen der Stadt. Im Carpe Diem in der Getreidegasse lässt er Gourmetkost in »Stanizl« servieren, die wie Eistüten aussehen, und im Lammertal hat Mateschitz den Berggasthof Winterstellgut zu einem ländlichen Gourmetlokal aufbereiten lassen.

Bauerndörfer und Gourmetlokale

Das Salzburger Land versammelt ganz unterschiedliche Gegenden. Entlang der Tauernautobahn bündeln sich zahlreiche gastronomische Sterne und Hauben, darunter Österreichs Topköchin Johanna Maier in Filzmoos oder die Gebrüder Obauer in Werfen. Im Norden liegt der Flachgau mit seinen – nomen est omen – weiten flachen Wiesen und stillen Bauerndörfern. Nebenan im Salzkammergut begegnet man wieder Klischeegebilden wie dem malerischen Fuschlsee. Der Tennengau im Süden wechselt vom flachen Land vor Salzburgs Toren ins schroffe Gebirge, eine Gegend zum Entdecken mit einigen kaum bekannten Tälern. Im Pongau und im westlich benachbarten Pinzgau sollte man nicht nur das Gasteinertal oder Zell am See und Saalbach ansteuern, sondern auch weniger bekannten Ecken wie dem urtümlichen Raurisertal einen Tag zum Entdecken widmen. Dasselbe gilt für den Lungau ganz im Süden. Jedes Tal und jedes Dorf hat seinen speziellen Reiz. Man muss nur neugierig sein und sich darauf einlassen.

MERIAN TopTen

MERIAN zeigt Ihnen die Höhepunkte der Region: Das sollten
Sie sich bei Ihrem Besuch in Salzburg und im Salzburger
Land nicht entgehen lassen.

Sie sind die Klassiker, die Highlights der Region. Die TopTen sind
eine wohlgemerkt subjektive, dennoch naheliegende Auswahl an
ganz besonderen Sehenswürdigkeiten. Und eine gute Mischung
von der spektakulären Edelgastronomie im Red-Bull-Imperium über
eindrucksvolle Naturschauspiele
bis zur Wellnesswelt am Kitzsteinhorn, um den Besuchern die ein-

zigartige Vielseitigkeit der Region
zu präsentieren.

MERIAN TopTen 360°

Damit Sie sich vor Ort schneller
orientieren können, finden Sie zu
ausgewählten MERIAN TopTen auf
den folgenden Seiten Umge-
bungskarten mit Restaurant-, Ein-
kaufsempfehlungen und Tipps für
weitere Sehenswürdigkeiten.

★1 DomQuartier, Salzburg
Ein Blick hinter historische Kulissen mit wertvollen Prunkräumen und Kunstschätzen (▸ S. 38).

★2 Festung Hohensalzburg, Salzburg
Das perfekte 360-Grad-Panorama über Salzburg (▸ S. 39).

★3 Hangar-7, Salzburg
Nobelgastronomie und historische Flugzeuge direkt am Salzburger Flughafen (▸ S. 46).

★4 Salzwelten Hallein
Mit Grubenbahn und Holzrutsche geht es in die Unterwelt des Schaubergwerks (▸ S. 65).

★5 Liechtensteinklamm
Die Wildwasserschluchten bieten ein wildromantisches Naturschauspiel (▸ S. 84).

★6 Eisriesenwelt
Die Kraft des Wassers schuf die bizarren Formen der größten Eishöhle der Welt (▸ S. 86).

★7 Großglockner Hochalpenstraße
Eine der eindrucksvollsten Gebirgsstraßen der Alpen (▸ S. 89).

★8 Tauern Spa Kaprun
Der große Wellnesstempel bietet Entspannung vor großartiger Bergkulisse (▸ S. 91).

★9 Krimmler Wasserfälle
Der höchste Wasserfall Mitteleuropas stürzt in drei Fallstufen fast 400 m tief (▸ S. 92).

★10 Nationalpark Hohe Tauern
Rund 40 Prozent des größten Naturschutzgebiets im Alpenraum gehören zum Salzburger Land (▸ S. 97).

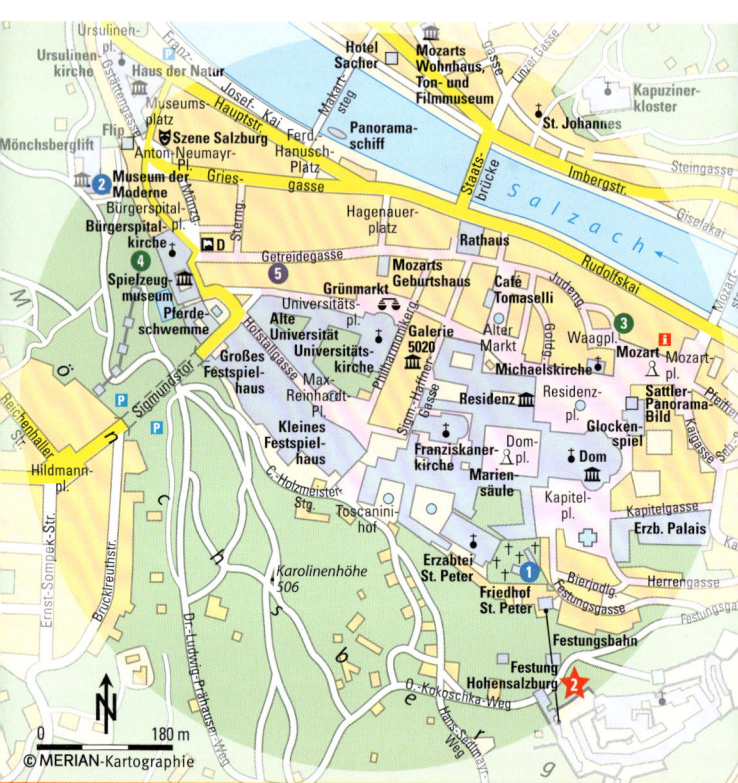

© MERIAN-Kartographie

360° Salzburg Zentrum

MERIAN TopTen

Festung Hohensalzburg
Mitteleuropas größte vollständig erhaltene Burganlage ist
das Wahrzeichen Salzburgs. Die
riesige Burganlage 120 m oberhalb
der Salzach ist nicht nur wegen
der grandiosen Aussicht ein Muss
für jeden Besucher (▸ S. 39).

SEHENSWERTES

Friedhof St. Peter
Der nostalgische Friedhof mit
seinen kunstvollen und fantasie-
reichen Grabkreuzen ist voller
Geschichte und ungewöhnlicher
Eindrücke (▸ S. 40).
St.-Peter-Bezirk

**Museum der Moderne
Salzburg**
Der spektakuläre Bau am Mönchsberg zieht nicht nur Kunstliebha-
ber an. Zur modernen Kunst gibt
es Spaziergänge mit Aussichten
über die Altstadt, die Salzach und
den Kapuzinerberg (▸ S. 46).
Mönchsberg 32

ESSEN UND TRINKEN

3 **Schmaustheater**
Uriges Essen mit Varieté wird in den Gewölbekellern unter dem K+K-Restaurant am Waagplatz kredenzt – ein mitteralterlich deftiges Abendvergnügen mit vielen Späßen und Kalorien (▸ S. 49).
Waagplatz 2

4 **Stadtalm**
Eine Salzburger Institution, die sich selbst als »städtischste Alm, die es gibt« bezeichnet. Das kleine alte Gasthaus oben am Mönchsberg bietet den Gästen eine Aussichtsterrasse und den perfekten Altstadtblick (▸ S. 50).
Am Mönchsberg 19c

EINKAUFEN

5 **Stassny Trachten**
Wenn es um anspruchsvolle Trachten geht, dann ist das alteingesessene Geschäft in der Getreidegasse eine der besten Adressen in der Stadt (▸ S. 51).
Getreidegasse 35

360° Hangar-7, Salzburg

MERIAN TopTen

3 **Hangar-7**

Auf der Ostseite des Flughafens findet man eine Mischung aus Nobelgastronomie und extravagantem Museum mit Haubenküche, Kultbar und spektakulärem Museum mit penibel renovierten Flugzeug-Oldtimern (▸ S. 46).

SEHENSWERTES

1 **Red Bull Arena**

Im Stadion des Red-Bull-Fußballteams, der österreichischen Nummer eins, am Stadtrand von Salzburg gibt es einen Fanshop, jeden Samstag Führungen und mit dem Bull's Corner ein gutes Restaurant inklusive Bar (▸ S. 43). Stadionstr. 4/2

2 **Stiegl-Brauwelt**

Das alte Brauereigebäude beherbergt eine Bier-Erlebniswelt mit modernem Kino, Brauvorführungen, allerhand Biersorten und einem Biermuseum (▸ S. 47). Bräuhausstr. 9

ESSEN UND TRINKEN

3 **Gasthaus Kuglhof**

Das klassische Wirtshaus serviert Salzburger Küche, bietet seinen Gästen einen feinen Biergarten und verströmt einen Hauch von gediegenem Landleben mitten in der Stadt (▸ S. 50).

Kuglhofstr. 13

EINKAUFEN

4 **Europark**

Das größte und beliebteste Einkaufszentrum in und um Salzburg liegt direkt an der Ausfahrt Salzburg-Kleßheim (▸ S. 51).

Europastr. 1

AM ABEND

5 **Casino Salzburg**

Schloss Kleßheim, einst erzbischöfliches Lustschloss, ist heute stilvoller Sitz des Casinos und eine gute Gelegenheit, um die Barbestände aufzubessern oder zu vernichten. Oder um einfach nur zuzuschauen (▸ S. 51).

Schloss Kleßheim

© MERIAN-Kartographie

360° Tauern Spa Kaprun, Pinzgau

MERIAN TopTen

8 Tauern Spa Kaprun

Die Wellnesswelt am Rande der Ortschaft Kaprun bietet über 2000 m² Wasserfläche, dazu Saunen und viele andere Wohlfühlerlebnisse. Zum Spa gehört auch ein Viersternehotel (▸ S. 91).

SEHENSWERTES

1 Cinema 3000

Auf 3000 m Höhe mitten im Gletscherskigebiet des Kitzsteinhorns befindet sich Cinema 3000.

Das Panoramakino bietet auf seiner 8 m breiten Leinwand spektakuläre Naturaufnahmen (▸ S. 92).
Kitzsteinhorn

2 Vogtturm

Der historische Turm – auch Kastnerturm genannt, da er sich lange im Besitz der Familie Kastner befand – liegt im Zentrum von Zell am See und beherbergt das Heimatmuseum mit Exponaten zur Geschichte der Region (▸ S. 101).
Zell am See, Stadtplatz

ESSEN UND TRINKEN

❸ Steinerwirt

Das Wirtshaus mit langer Geschichte (es besteht seit 1493) serviert klassische Küche und bietet darüber hinaus ein interessantes Kulturprogramm (▸ S. 101).

Zell am See, Dreifaltigkeitsgasse 2

AM ABEND

❹ Insider

Die angesagte Bar liegt im Zentrum von Zell am See. Sie unterhält die Gäste mit unterschiedlichen Musikrichtungen. Beliebte Mittwochs-Feste (▸ S. 101).

Zell am See, Kreuzgasse 1

AKTIVITÄTEN

❺ Maisiflitzer

Die ganzjährig betriebene Alpenachterbahn am Maiskogel ist eine Attraktion für Jung und Alt und bietet Nervenkitzel auf der Reise ins Tal. Start und Ziel sind nahe der Zufahrtsstraße von der Mittersiller Straße (▸ S. 91).

Kaprun, Maiskogel, Einödweg 3

MERIAN Tipps

Mit MERIAN mehr erleben. Nehmen Sie teil am Leben der Region und entdecken Sie Salzburg und das Salzburger Land, wie es nur Einheimische kennen.

1 Kapuzinerberg, Salzburg ▶ Klappe hinten, e/f 2/3

Der Salzburger Stadtberg auf der Ostseite der Salzach ist weitaus weniger bekannt als der gegenüberliegende Mönchsberg. Und das macht ihn auch besonders reizvoll. Innerhalb weniger Minuten wechselt man von der hektischen Stadt in die ruhige Natur, spaziert bergauf bis zum Kapuzi-nerkloster und zur Kapuzinerkir-che, sieht links das romantische Paschingerschlössl, einen villenartigen Bau aus dem 17. Jh., in dem der Dichter Stefan Zweig nach umfangreichen Umbauarbeiten zwischen 1919 und 1934 wohnte. Damit nicht genug. Der Weg weiter durch den Wald lohnt sich, denn ganz oben wartet das Kapuzinerschlössl. Das kleine Schloss aus dem Dreißigjährigen Krieg ist ein Schmuckstück mit herrlicher Aussicht und feiner Küche. Elegante Salons und ein Laden mit hauseigenen Produkten ergänzen das romantische Angebot. Für alle, die schlecht zu Fuß sind, gibt es auch einen Shuttleservice.

Kapuzinerschlössl: Salzburg, Kapuzinerberg 9 • Tel. 0 62 62/87 25 95 • www.franziskischloessl.at • Mi–So 11–17 Uhr • €€

⭐ 2 Stiftsbäckerei St. Peter, Salzburg ▸ Klappe hinten, d 5

Über 700 Jahre alt ist diese Bäckerei im Stift St. Peter – dass hier Tradition eine große Rolle spielt, das sieht man bereits auf den ersten Blick. Verkauft wird das Brot, das mit Natursauerteig im Holzofen gebacken wird, direkt in der Backstube. Zehn Tage soll es halten, verspricht die Verkäuferin. Allerdings schmeckt es so gut, dass es nie so alt wird.

Salzburg, Kapitelplatz 8 • www.stiftsbaeckerei.at • Mo, Di, Do, Fr 7–17.30, Sa 7–13 Uhr

⭐ 3 Grüll Fischspezialitäten, Grödig   D 2

Der Fischhändler in Grödig, rund 12 km südlich von Salzburg, ist einen Ausflug wert. Denn er ist dafür bekannt, der einzige Hersteller von klassischem Kaviar in ganz Österreich zu sein. Neben Beluga-, Osietra- und Sevrugakaviar gibt es hier allerhand andere Fischspezialitäten, die man auch im eigenen Stüberl verkosten kann.

Grödig, Neue Heimat Str. 13 • Tel. 0 62 46/7 54 92 • www.gruell-salzburg.at • Mo–Fr 8.30–18, Sa 8.30–12, Bistro Mo–Fr 11–15 Uhr

⭐ 4 fahr(T)raum, Mattsee   E 1

Die Ferdinand-Porsche-Erlebniswelten sind nicht nur ein Museum für die Automobilgeschichte. Dem Gründer des Museums, Ernst Piech, einem Enkel von Ferdinand Porsche, geht es hier auf 250 m² um das Schaffen des berühmten Kon-

strukteurs und um die technischen Errungenschaften, um die Mechanisierung verschiedener Lebensbereiche und um zukunftsweisende Erfindungen. Angeboten werden am Mattsee auch Ausfahrten mit historischen Fahrzeugen. Dazu gibt es organisierte Landpartien mit Oldtimern.

Mattsee, Passauer Str. 30 • Tel. 0 62 17/5 92 32 • tgl. 10–17 Uhr • Eintritt 13 € , Kinder 7 €

⭐ 5 Mozart-Radweg

Damit man auch Teile von Mozarts Reisen mit dem Fahrrad nachfahren kann, wurde im Frühjahr 2003 der Mozart-Radweg eröffnet. Von Salzburg aus können auf einer Strecke von rund 454 km mit einem Höhenunterschied von ca. 2000 m verschiedene Stationen aus dem Leben des Komponisten angeradelt werden. Die Route führt durch das Salzburger Seenland nach Bayern und endet wieder in Salzburg. Der gesamte Radweg ist in 16 Etappen aufgeteilt, von denen keine länger als 50 km ist und man so verschiedene Routen auswählen und miteinander kombinieren kann.

Info: Salzburger Land, Postfach 16, 5300 Hallwang bei Salzburg • Tel. 06 62/66 88-0 • www.mozart radweg.com

⭐ 6 Winterstellgut, Annaberg  F 3

In früheren Zeiten wurden in dem Bergbauernhof Pferde über den Winter einquartiert. Seitdem Red-Bull-Gründer Dietrich Mateschitz den Hof übernommen hat, wurde er zu einem edlen Berggasthaus ausgebaut. Den Gästen bietet sich gehobene ländliche Küche, ein Traumpanorama und dazu ein gediegenes klassisches Ambiente. Letzteres gilt auch für die fünf Zimmer und Suiten. Vor allem an Wochenenden empfiehlt es sich, vorher zu reservieren. Das Nobelgasthaus ist eine beliebte Location für Hochzeiten und Feiern verschiedenster Art.

Annaberg, Braunötzhof 4 • Tel. 0 64 63/60 07 80 • www.winterstellgut. at • 4 Zimmer/Suiten • €€€€

⭐ 7 Hotel Miramonte, Bad Gastein   E 6

Das Lifestyle- und Designhotel oberhalb des Zentrums von Bad Gastein bietet neben der faszinierenden Aussicht auf das gesamte Gasteinertal eine interessante Mischung aus Wohnkultur der 1960er-Jahre und modernem Design – und alles zu überraschend

erschwinglichen Preisen. Das Haus gehörte früher der Österreichischen Nationalbank und wurde von den Besitzern des bekannten und kultigen Haus Hirt übernommen und Schritt für Schritt umgestaltet. Im Angebot sind Yogakurse und geführte Bergtouren.

Bad Gastein, Reitlpromenade 3 • Tel. 0 64 34/2 57 70 • www.hotel miramonte.com • 36 Zimmer • €€€

⭐ Hofalmen, Filzmoos   📖 F 4

8 Von Filzmoos aus ist der Ausflug zu den beiden einsamen Almhütten fast ein Muss. Im Sommer ein gemütlicher einstündiger Spaziergang oder eine Kutschenfahrt, im Winter ein romantischer Ausflug mit dem Pferdeschlitten. Der Weg ist sehr sanft ansteigend, also bequem zu laufen, und wird auch gut geräumt. In beiden Almen kann man romantisch einkehren und sich mit deftigen regionalen Spezialitäten stärken. Im Sommer weiden hier Rinder, Pferde und Schafe, im Winter liegt üblicherweise meterhoch Schnee.

Filzmoos • www.unterhofalm.at, www.oberhofalm.at

⭐ Bergdorf Priesteregg   📖 C 4

9 Unter den zahlreichen neuen Hütten- und Chalethotels in Österreich ist das Bergdorf Priesteregg oberhalb von Leogang das mit Abstand spektakulärste und wohl auch erfolgreichste. Die Chalets bieten auf zwei Ebenen Platz für bis zu sechs Gäste und sind mit reichlich Zirbenholz, Naturstein und Leinen ausstaffiert. Mit gut bestückter Küche, einem eigenen Weindepot, TV, Sternschnuppendach und dem fast selbstverständlichen Holzherd wohnt man schöner als im Heimatfilm. Die Chalets haben auch eine Sauna und einen Whirlpool auf der Terrasse. Zusätzlich zu den normalen Chalets wurde das Angebot um eine besondere Luxusvariante erweitert. Das Willy Bogner-Chalet bietet noch mehr Luxus und Platz und vor allem einen großzügigen, 14 m langen Pool auf der Terrasse.

Leogang, Sonnberg 22 • Tel. 0 65 83/ 82 55 20 • www.priesteregg.at • 16 Chalets • €€€€

⭐ Schwaigerlehen, Stuhlfelden   📖 B 5

10 Der uralte Bauernhof der Familie Bacher mitten in Stuhlfelden ist eine Institution. Hier schläft man in nostalgischen Kammern, wie sie im Museum kaum echter sein können. Alles so wie seinerzeit – inklusive der alten Rauchkuchl, was auch allerhand betuchte und prominente Kundschaft schätzt.

Stuhlfelden, Schwaigerlehen-Berngarten Nr. 14 • Tel. 0 65 62/51 18 • www.schwaigerlehen.at • 5 Zimmer • €

In der mittelalterlich geprägten Salzburger Getreidegasse (▸ S. 40)
mischen sich die alten Zunftzeichen mit den Logos moderner Marken.

Zu Gast in **Salzburg** und im **Salzburger Land**

Hier finden Sie die besten Adressen, bei denen man exzellent logiert und speist, Kultur genießt und sportlich aktiv ist.

Übernachten

Die Hotellerie hat für jeden Geschmack und jedes Budget etwas zu bieten, egal ob man Stadturlaub mit Lifestyle und Wellness oder hochalpine Naturerlebnisse bevorzugt.

◄ Inbegriff eines traditionell-österrei-
chischen Grandhotels: Hotel Sacher
(▸ S. 47) an der Salzach-Promenade.

Ein kleines feines Designhotel in einer versteckten Salzburger Altstadt-
gasse, ein opulentes Schlosshotel mit
Seeblick, ein edles Landgasthaus mit
Gourmetküche oder ein einsames
Berghotel in Panoramalage – das
Salzburger Land hat ein reichhaltiges
Angebot an Unterkünften, das sich
jeder Geldbeutelgröße mühelos an-
passt. Besonders gut sortiert ist das
Angebot natürlich in Salzburg selbst
sowie in den traditionellen Touris-
muszentren im Salzburger Land wie
etwa dem Gasteinertal, Zell am See
oder im Seengebiet.

Herrschaftliche Unterkünfte

Vor allem in der **Fünfsternekatego-
rie** gibt es einige Häuser, die zu den
besten in ganz Österreich zählen.
Dazu gehört Schloss Fuschl genauso
wie das Sacher in Salzburg und das
Schloss Prielau bei Zell am See, die
auch mit einer prominenten Gästeliste aufwarten können. Typisch für
Österreichs Hotellerie ist auch, dass
etliche Viersterne-Superior-Hotels
den Fünfsternehotels in Sachen
Komfort kaum nachstehen. Eindrucksvolles Beispiel ist der Salzburger Hof in Leogang.
Aber auch mit **kleinerem Budget**
findet man hübsche Unterkünfte.
Typische Beispiele sind die Rosenvilla und das Hotel Auersperg in
Salzburg oder das charmante Haus
Hirt in Bad Gastein.
Außerhalb der Stadt bietet gerade
das Salzburger Land eine sehr reizvolle Auswahl an Bauernhöfen und
Almhütten. Für Letztere ist zum
Beispiel das Großarltal bekannt, wo
es viele romantische Hütten zu mieten gibt. Die Nachfrage nach Bau-
ernhofquartieren ist in den letzten
Jahren deutlich angewachsen. Auf
der Website www.urlaubambauern
hof.at findet man Offerten nach
Themen geordnet. Wer das pure Naturerlebnis in den Bergen sucht,
kann auch hochalpin stilvoll woh-
nen, etwa im einsamen Ammererhof
im Raurisertal oder im überraschend genussvollen Taxhof bei
Bruck an der Großglocknerstraße.
Eine etwas andere Art, ganz oben am
Berg und mitten in der Natur zu logieren, stellt die Forsthofalm oberhalb von Leogang dar. Das erste ganz
aus Holz gebaute Wellnesshotel im
Salzburger Land bietet eine intensive
Kombination aus Genuss und Natur
auf rund 1000 m Höhe.
Ein großer Teil der Hotels in Salzburg ist einem **Hotelleitsystem** zu-
geordnet, das in vier Bezirke unterteilt ist. Jeder dieser Bezirke ist leicht
über eine von vier Autobahnaus-
fahrten zu erreichen: also immer
dem Pfeil mit der Aufschrift »Hotel
Route« folgen. Die Hotels sind na-
mentlich aufgeführt, sobald man
von der Route abfahren muss.
Speziell für Menschen mit Behinde-
rung hat die Tourismus Salzburg
GmbH eine Broschüre herausgegeben, die Informationen für einen
barrierefreien Aufenthalt in der Stadt
enthält (Info: Tel. 06 62/8 89 87-0,
E-Mail: tourist@salzburg.info).

Empfehlenswerte Hotels und andere Unterkünfte finden Sie bei den Orten im Kapitel
▸ **Unterwegs in Salzburg und im Salzburger Land.**

Preise für ein Doppelzimmer mit Frühstück:
€€€€ ab 200 €   €€€ ab 100 €
€€ ab 50 €   € bis 50 €

Essen und Trinken

Natürlich gibt es Mozartkugeln und Salzburger Nockerln.
Aber das ist längst nicht alles. Salzburger lieben gutes Essen,
und deshalb ist das Angebot hochwertig und vielseitig.

◄ Salzburger Nockerln sind neben den Mozartkugeln (▶ S. 23) wohl die bekannteste Süßspeise der Region.

Jahrhundertelang wurde von der ländlichen Bevölkerung schwere körperliche Arbeit geleistet. Der hohe Bedarf an Kohlenhydraten wurde durch Mehl- und Kartoffelspeisen gedeckt. Für Gemüsegerichte holten sich die Bäuerinnen das in ihre Pfannen und Töpfe, was der heimische Boden Monat für Monat hervorbrachte. Fleisch kam nur an Fest- und an Feiertagen auf den Tisch.

Jede Region hat ihre eigene Spezialität

An Salzburgs Stadtrand bauen die Walser Bauern ihr grünes **Kraut** an, das für Krautspatzen, Krautspeck, Krautfleckerl, Krautstrudel und für Krautnudeln verwendet wird.

Im Flachgau können Knödel klein wie eine Walnuss sein oder groß wie ein Tennisball. Sie können in der Suppe schwimmen oder ein Fleischgericht vervollkommnen. Ganz süß, unter Zucker verborgen, überraschen sie mitunter beim Nachtisch.

In Pinzgau und Pongau sind es die **Nocken**, die dem Knödel Konkurrenz machen. Der Lungau hat es mit den »Hasenöhrl«-**Käsegerichten**. Kaspressknödel und die Kasnocken gehören zum Pinzgau.

Aus den Gewässern des Flachgaus und des Salzkammerguts kommen Saiblinge, Bachforellen und die schmackhaften Äschen. Beliebte **Fleischgerichte** sind Bauernbratl, Bierfleisch (in Schwarzbier gedünstetes Rindfleisch) und Schweinsbratl. Gutes Lamm fürs »Bauernschöpserne« und Rindfleisch aus der Tauernregion stehen hoch im Kurs.

Im Lungau werden zu Fronleichnam »Prangnüdei« gebacken, das sind kleine **Krapfen** aus Germteig. In der **Weihnachtszeit** wird überall in Salzburg »Kletzenbrot« (Brot mit getrockneten Birnen) gebacken.

Was dem Pinzgauer sein »Bachlkoch«, ist dem Lungauer sein »Rahmkoch«, eine kalorienreiche Süßspeise aus Rahm, Mehl, Butter, Zimt, Zucker, Anis und Korinthen. Im Tennengau gibt es die Abtenauer Hauberlkrapfen, im Pinzgau und Pongau Rohrnudeln, Moosbeernudeln, Kerschflenken, Himmelnudeln mit Mohn und Zucker, die dann »Buamazipfei« oder »Weananudeln« heißen, oder »Honiglempen«. Eine weitere Köstlichkeit sind die **Mozartkugeln**, jene weltberühmten Pralinen aus Marzipan, Nugat und Bitterschokolade.

Salzburgs Landesgetränk ist das **Bier**. Schon vor 900 Jahren soll es im gesamten Alpenland den Durst gelöscht haben. Ende des 17. Jh. gab es im Erzstift Salzburg nicht weniger als 95 Bierbrauereien.

Neun Genussrouten der **Via Culinaria** (www.via-culinaria.com) führen quer durch das Salzburger Land, zu Gourmetrestaurants, Wirtshäusern, Almkäsereien, Schnapsbrennern, Bierbrauern, Konditoreien oder Kaffeehäusern. Die einzelnen Routen bieten spezifische Themen wie zum Beispiel für Naschkatzen, Käsefreaks, Fischfans, Fleischtiger oder »Feinspitze«.

Empfehlenswerte Restaurants finden Sie bei den Orten im Kapitel ▶ **Unterwegs in Salzburg und im Salzburger Land.**

Preise für ein dreigängiges Menü:

€€€€	ab 40 €	€€€	ab 30 €
€€	ab 20 €	€	bis 20 €

Einkaufen

Salzburgs Stärke sind die Fachgeschäfte, die von Trachten über Patisserie bis Topmode eine große Auswahl bieten. Eine Alternative sind die großen Einkaufszentren vor der Stadt.

◀ Salzburgs Konditoreien bieten mehr als nur die aus Pistazien, Marzipan und Nugat gefertigten Mozartkugeln.

Mozart – unweigerlich wird man in der Geburtsstadt des Komponisten an allen Ecken an ihn erinnert. Die Auslagen in den Feinkost-, Delikatessen- und Lebensmittelgeschäften tun ein Übriges dazu. Denn nicht nur die süße Kugel wurde nach Mozart benannt – weit gefehlt! Der berühmte Wolfgang Amadeus stand auch Pate bei Schokoladentalern, Kaffee, Likör und vielem mehr.

Mozart, Trachten und Antiquitäten

Als Mitbringsel macht sich Mozart natürlich immer gut. Aber wer sich schon einmal in dieser Region aufhält, sollte all die anderen **landestypischen Erzeugnisse** auf keinen Fall versäumen: Loden- und Trachtenstoffe – verarbeitet zu schicken Kleidern, Anzügen und Mänteln –, Trockenblumensträuße, Hinterglasbilder mit religiösen Motiven, bemalte Möbel und Antiquitäten aus bäuerlichen Haushalten. Aus dem benachbarten Oberösterreich werden die »Goiserer« importiert – besonders strapazierfähige Schuhe, die sich auch zum Wandern eignen. Sie werden in Bad Goisern im Salzkammergut in Handarbeit gefertigt.

Wer es auf Schnäppchen abgesehen hat, ist bei **Outlets**, **Fabrik**- und **Werksverkäufen** gut aufgehoben: Besonders gut zu Salzburg passt der Werksverkauf von Salzburg Schokolade in der Hauptstraße 14 in Grödig, gleich an der Tauernautobahn. Das Schokoladenparadies für Naschkatzen bietet viele Sonderangebote und Artikel, die wegen minimaler Mängel als Ware zweiter Wahl eingestuft werden müssen (www.schoko.at, Mo–Do 7.30–18, Fr 7.30–17 Uhr).

Sax Trachtenschuherzeugung bietet direkt vom Produzenten klassisch gefertigte Haferlschuhe sowie Landhausmode und weiteres »bodenständiges« Schuhwerk – zu finden in Dorfbeuern 52 (Gemeinde Michaelbeuern). Die Inhaber Elisabeth und Christian Sax pflegen gerne den persönlichen Kontakt zu ihren Kunden – fachkundige Beratung inklusive (www.sax-schuhc.at, Mo Fr 8–12 und 14–18, Sa 8–12 Uhr, Mi nachmittags geschl.).

Ein weiterer renommierter Trachtenhersteller ist Gössl. Das von Grete und Leopold Gössl gegründete Unternehmen produziert rund 100 000 hochwertige Modelle pro Jahr. Im herrschaftlichen Gwandhaus im Süden von Salzburg kann man an einer Besichtigungstour durch die Ateliers teilnehmen, ein Trachtenmuseum besichtigen, an sieben Tagen in der Woche einkaufen und im Restaurant einkehren. Brautpaare können sich hier in der Hochzeitsausstellung inspirieren lassen (www.goessl.com).

Shoppingmalls

Der Einkaufstourismus rund um Salzburg machte in den vergangenen Jahren eine erstaunliche Entwicklung. Noch in den 1990er-Jahren pilgerten die Salzburger nach München zum Shopping. Heute ist es genau umgekehrt: In den beiden großen Einkaufszentren an der Autobahn findet man stets zahlreiche deutsche Kunden.

Der **Europark** (▸ S. 51) gilt seit seiner Eröffnung im September 1997 als Salzburgs faszinierendste Shoppingmall. Über 130 Shops und Restaurants erwarten den Besucher direkt an der Autobahn A1, Ausfahrt Salzburg-Kleßheim. Und was den Salzburgern recht ist, kann den Urlaubern nur billig sein. Zwar sind die Inhaber der traditionsreichen Salzburger Geschäfte in der Altstadt nicht unbedingt erpicht auf eine Abwanderung der Kunden auf die grüne Wiese, doch die Angebote hier wie dort tun sich nichts. Die Hauptgeschäftsstraßen im Zentrum haben nach wie vor ihren ganz speziellen Charme und ihr besonderes Angebot. Die Center-Öffnungszeiten sind Mo–Do 9–19.30, Fr 9–21 und Sa 9–18 Uhr.

Der zweite Einkaufstempel ist das 2009 eröffnete **Designer Outlet**. Wenige Meter von der Ausfahrt Salzburg Flughafen entfernt, locken rund 100 Shops mit über 200 Marken. Neben den Markenläden, die Rabatte bis 70 Prozent versprechen, gibt es zahlreiche Kaffeehäuser und Restaurants. Das Designer Outlet Salzburg ist Mo–Do von 9.30–19, Fr von 9.30–21 und Sa von 9–18 Uhr geöffnet. Beide Shoppingmalls sind dank Autobahnanschluss bequem erreichbar und verfügen über ausreichend Parkplätze.

In Salzburg-Stadt findet man in rund 400 feinen Fachgeschäften nahezu alles, was das Herz begehrt: angefangen bei trendigen Designer über traditionelle Trachtenmoden bis hin zu Antiquitäten, Schmuck, Büchern, Zeitschriften oder CDs.

Die Fußgängerzone lädt zum Bummeln ein

Die Hauptgeschäftsbereiche liegen im Stadtzentrum links und rechts der Salzach, vor allem in der Juden-, Getreide- und Kaigasse, auf dem Mozartplatz und dem Alten Markt, in der Linzer Gasse sowie auf dem Makart- und Mirabellplatz. In der größtenteils zur **Fußgängerzone** erklärten Altstadt stört kein lärmender Verkehr den gemütlichen Schaufensterbummel.

Alte Familienbetriebe schreiben Erfolgsgeschichte. Firmen und Geschäfte, in denen das Betriebs-Know-how von einer Generation an die andere übergeben wird, verbreiten ein Flair, das auch den Kunden ein besonderes Erlebnis bietet. Dazu gehören Feinkost Kölbl in der Theatergasse 2, der Spirituosenhändler Sporer in der Getreidegasse 39, Leder Schliesselberger in der Lederergasse 5, Optiker Gollhofer in der Linzergasse 50, Knopferlmayer am Rathausplatz 1, Papier Ivo Haas in der Griesgasse 10 oder Kirchtag Schirme in der Getreidegasse 22.

Wunderschöne Märkte

Nicht nur Einheimische, sondern auch Touristen nutzen gern die regelmäßig stattfindenden **Märkte**, von denen es in der Mozartstadt gleich mehrere gibt. So herrscht zum Beispiel jeden Donnerstag von 5 bis 13 Uhr ein buntes Treiben rund um die Andräkirche beim **Schrannenmarkt**. Neben Obst und Gemüse, Fleisch, Blumen und Honig aus der Region werden hier auch Handarbeiten angeboten. Frische »Backhendl«, heiße »Würstl« oder traditionelle Mehlspeisen wie »Buchteln«, »gebackene Mäuse« oder »Pofesen« verströmen hier ihre verführerischen Düfte.

Gleich hinter der Schranne befindet sich der kleine **Grünmarkt** (Mo–Fr 7–19, Sa 6–15 Uhr), bestehend aus

Die Hofapotheke (▶ S. 37) im Alten Markt in Salzburg beeindruckt mit prächtiger Rokoko-Einrichtung. Sie ist die älteste bestehende Apotheke der Stadt.

Holzhütten, ein Kontrast zum turbulenten Schrannenmarkt. Am bauchigen Ende des Universitätsplatzes bieten Händler aus Stadt und Land eine riesige Vielfalt feil, die das Herz eines jeden Gourmets höherschlagen lässt. Den Grünmarkt gibt es bereits seit dem Jahr 1857.

Außer dem Schrannenmarkt und dem Grünmarkt gibt es eine Reihe von Bauernmärkten, auf denen Spezialitäten des Salzburger Landes feilgeboten werden. Eine feste Einrichtung ist auch der Biobauernmarkt der Erzeuger-Verbraucher-Initiative EVI, der früher am Papageno-Platz war und seit einigen Jahren jeden Freitag von 8–13 Uhr am verkehrsberuhigten Kajetansplatz stattfindet. Hier gibt es eine große Auswahl an regionalen Bioprodukten.

Märkte gibt es in der Regel einmal wöchentlich auch in allen größeren Orten »draußen« im Salzburger Land. Auch dort macht sich die wachsende Nachfrage nach Bioprodukten und Lebensmitteln aus der Region bemerkbar.

Viele interessante Bauernmärkte gibt es im Rahmen des Salzburger Bauernherbstes in den September- und Oktoberwochen. Rund 75 Orte nehmen an der Veranstaltungsreihe teil, zu der auch zahlreiche Märkte wie der Kunsthandwerksmarkt in Radstadt, der Bauernherbstmarkt in Zell am See und der Bauernmarkt in Hollersbach gehören. In den Märkten gibt es Arbeiten von Handwerkern und Künstlern aus der Region ebenso wie kulinarische Spezialitäten von Speck und Käse bis Honig und Marmeladen.

Empfehlenswerte Geschäfte und Märkte finden Sie bei den Orten im Kapitel ▶ **Unterwegs in Salzburg und im Salzburger Land.**

Sport und Freizeit

Von Frühjahr bis in den Herbst kann man wandern, bergsteigen, biken und Golf spielen. Im Winter stehen Skifahren, Langlaufen oder Rodeln auf dem Sportprogramm.

◄ Wandern im Lungau (► S. 73). Die Bergwelt ist der touristische Schatz des Salzburger Landes.

Aktivurlaubern zeigt sich das Bundesland Salzburg von seiner besten Seite. Österreich und mit ihm das Salzburger Land spielten und spielen seit jeher eine Vorreiterrolle bei der Vermarktung ihrer zahllosen Sportmöglichkeiten. Hier findet jeder Sportler genau das, was er sucht.

Auch Extremsportarten wie Riverrafting auf reißenden Gebirgsflüssen sind in dieser Region fast schon Tradition. Fallschirm- und Drachenfliegen, Paragliden, Canyoning und Eisklettern finden ebenfalls regen Zulauf. Dort, wo Skifahrer und Snowboarder winters ihre Spuren hinterlassen, trifft man im Frühjahr, Sommer und Herbst Wander- und Kletterfreunde auf ihrem Weg zu Almen und Gipfelkreuzen.

Noch höher hinauf kommen allerdings die Ballonfahrer. Dem, der sich in den Korb eines Heißluftballons wagt, liegt das gesamte Salzburger Land zu Füßen. Wer es trotz dieser Aussicht ein wenig beschaulicher liebt, begibt sich an Flüsse und Seen, wirft den Angelhaken ins Wasser und wartet auf den großen Fang.

BERGSTEIGEN UND WANDERN

7200 km markierte Wanderwege ziehen sich durch die sanften Hügel vom Alpenvorland bis hin zu den Dreitausendern in den Hohen Tauern. Vom gemütlichen Spaziergang bis zur Klettertour, vom Halbtagesausflug bis zum mehrtägigen Trecking sind zahlreiche Möglichkeiten mit und ohne Führer vorhanden. Die Fülle und Vielfalt an außergewöhnlichen Landschaften – vom

Hügelland rund um die Seen im Norden zum Wechselspiel von grünen Grasbergen, schroffen Felsgipfeln und malerischen Bergseen im Süden des Salzburger Landes – ist einfach eine Reise wert. Immerhin sind mehr als zehn Prozent der Region Teil des Nationalparks Hohe Tauern. Viele Nebentäler sind übrigens autofrei, aber mit Linien- oder Wanderbussen gut erschlossen.

DRACHENFLIEGEN UND PARAGLIDING

Paraglideschulen bieten für den Flug durch die alpine Bergwelt ihre Hilfe an. Manche lehren auch das Drachenfliegen. Wer gerne einmal reinschnuppern möchte, kann sich bei einem Tandemflug einem erfahrenen Paraglider anvertrauen, beispielsweise bei der Flugschule Salzburg (www.aeroclub.at).

FALLSCHIRMSPRINGEN

Ein Fallschirmsprung als Passagier (Tandemspringen) ist auf alle Fälle ein spektakuläres und unvergessliches Erlebnis. Auskünfte erteilt der **Österreichische Aeroclub** in Wels (Tel. 06 64/3 57 53 99, www.aero club.at).

GOLF

Um die 20 Golfanlagen laden im Salzburger Land derzeit zum Abschlag ein, weitere befinden sich in Planung. Über die jeweiligen Preise und die detaillierten Spielbedingungen sollte man sich bei den einzelnen Betreibern informieren. Mit der **Golf Alpin Card** stehen interessante Urlaubspakete zur Verfügung. Auskünfte erteilt der **Salzburger Golfverband** (Tel. 0 65 62/62 08, www. salzburger-golfverband.at).

LANGLAUF

Auf Freunde des Langlaufsports warten im Salzburger Land rund 2200 km Loipen für klassische und Skating-Technik in rund 100 Wintersportorten. Zu den Highlights zählen die rund 200 km lange Pinzga-Loipe zwischen Taxenbach und Krimml im Pinzgau und das 220 km umfassende Loipennetz im Lungau mit der Murtal-Loipe zwischen Tamsweg und Muhr.

Auch der südliche Pongau bietet mit über 200 km Loipen zwischen Radstadt, Altenmarkt, Eben, Flachau und Wagrain vielfältige Möglichkeiten für diese nordische Sportart.

Sehr schneesicher sind die Höhenloipen auf dem Rossbrand auf 1600 m in Filzmoos, im Thomatal und am Prebersee im Lungau und ganz besonders die 3 km lange Höhenloipe auf dem Kitzsteinhorn auf 2900 m Höhe.

www.salzburgerland.com

LAUFEN UND NORDIC WALKING

Laufen im Salzburger Land und auch in und um die Stadt Salzburg ist in den vergangenen Jahren ein nicht mehr wegzudenkender Freizeitsport geworden, an dem sich Einheimische wie Urlauber gleichermaßen beteiligen. Es gibt inzwischen eine Reihe von Volksläufen aller Schwierigkeitsgrade und Längen rund um die Seen, Halb-Marathon und Marathonstrecken, dazu natürlich Bergläufe. Das alles begleitet von Laufseminaren, die auch speziell für Frauen angeboten werden.

Rasanten Zuwachs verzeichnet auch Nordic Walking. Fast jeder Tourismusort bietet Trainingstage oder -wochen. Routen sind frisch beschildert. Mariapfarr verfügt über das größte Nordic-Walking-Wegenetz Österreichs. Auf einer Gesamtlänge von 119 km finden die Gäste 15 bestens ausgeschilderte Nordic-Walking-Wege mit einer Länge von 3,1 bis 14,5 km, Anstiegslängen von 600 bis 6100 m und einem Höhenunterschied von 400 m.

Detaillierte und ständig aktualisierte Auskünfte gibt es unter www.salzburgerland.com in den entsprechenden Rubriken.

RADFAHREN

2000 km markierte Radwege überziehen das Land. Neben dem Tauernradweg nehmen der Salzkammergutradweg, der Ennsradweg, der Mozart-Radweg (▶ MERIAN Tipp, S. 15) und der Murradweg im Salzburger Land ihren Anfang. Karten und Informationen zu preiswerten Unterkünften gibt es im Prospekt »Salzburger Radjournal«, erhältlich beim **Salzburger Land** (Tel. 06 62/ 66 88-0, www.salzburgerland.com).

REITEN

Auf Reiterferien haben sich 30 Orte im Salzburger Land spezialisiert. Allein in Seekirchen stehen drei Reiterhöfe zur Auswahl. Wanderreiten wird vor allem in den Hohen Tauern, im Gasteinertal und in der Sportwelt Amadé angeboten. Besonders schöne Wege finden sich im Lungau. Weitere Informationen gibt es unter www.salzburgerland.com.

RIVERRAFTING UND CANYONING

Die abenteuerlichste und längste Wildwasserfahrt im Salzburger Land führt in Begleitung eines geprüften Bootsführers in etwa zwei Stunden 15 km lang durch die wildromantische Naturlandschaft zwischen der

Kitzlochklamm und Schwarzach. Der Spaß kostet inklusive Jause ab 48 €. Infos erteilt das Rafting Center Taxenbach (Tel. 06 64/4 02 51 49, www.raftingcenter.com).

SKIFAHREN

Über 600 Liftanlagen stehen in der Salzburger Bergwelt zur Verfügung und machen Abfahrten auf rund 2000 Pistenkilometern möglich. Da bleibt nur noch die Qual der Wahl, welche Skischaukel man nimmt.

In allen großen 22 Skiregionen des Salzburger Landes und den angrenzenden Skigebieten gilt die Salzburg Super Ski Card. Damit lassen sich alle Liftschranken ohne Berührung schnell und komfortabel passieren.

Ein weiterer großer Liftverbund ist Ski Amadé, an den unter anderem das Gasteinertal, die Hochkönigregion sowie die Salzburger Sportwelt mit Flachau, Zauchensee, Wagrain, Filzmoos und einigen anderen Gebieten angeschlossen sind.

Natürlich kommen auch Snowboarder, Langläufer und Tourengeher in den weitläufigen Wintersportgebieten nicht zu kurz. Und auch für die sogenannten Funsportarten wie Snowbiking, Snowtubing usw. haben die Regionen ein offenes Herz.

SKITOUREN

Einen regelrechten Boom erlebte in den letzten Jahren das Skitourengehen. Zu den populärsten Tourengebieten zählen der Preber im Lungau, die Sonnblick im Rauristal und die Weißsee-Gletscherwelt im Pinzgau. Zahlreiche Events wie die Weißsee Gletschertrophy, das Mountain Attack Skitourenrennen in Saalbach im Januar oder die Hochkönigstrophy Ende Februar in Mühlbach erfreuen sich großer Beliebtheit. Alles Wichtige unter www.salzburgerland.com.

Den wilderen Teil ihrer Raftingtour (▶ S. 30) haben diese beiden Paddler auf der Salzach schon hinter sich. Raften kann man auf vielen Flüssen im Salzburger Land.

Familientipps

Die einzigartige Natur des Salzburger Landes ist ein großer Spielplatz für Kinder und Jugendliche. Aber es gibt auch interessante Museen und allerlei Alpentiere zu entdecken.

◄ Goldwaschen mit Fundgarantie in Rauris (► S. 33) – ein großer Spaß für kleine Goldsucherinnen.

Goldwaschen in Rauris D 5

Auch wenn die Zeit des kommerziellen Goldabbaus längst vorbei ist, kann man im Sommer in Rauris immer noch das edle Metall waschen, sich an seinem Glanz erfreuen und von großen Nuggets träumen.
Rauris, Grubenfeld Bodenhaus • www.goldsuchen.at • Juni, Sept., Okt. tgl. 9–16.30 Uhr • Eintritt ab 6 €

Gut Aiderbichl E 1

Innerhalb weniger Jahre avancierte das Tierasyl von Michael Aufhauser zu einem der beliebtesten Ausflugsziele für Familien. Hier haben Kühe, Pferde, Esel, Lamas, Füchse, Hasen und viele andere Tiere ein neues Zuhause gefunden.
Henndorf am Wallersee, Berg 20 • Tel. 06 62/62 53 95 • www.gut-aiderbichl.com • tgl. 9–18 Uhr • Eintritt 9 €, Kinder 4,50 €

Haus der Natur ► Klappe hinten, b 3

Dieses weltweit bekannte Naturkundemuseum wurde bereits im Jahr 1924 nach didaktischen Gesichtspunkten aufgebaut. Heute erwarten die Besucher eine Weltraumhalle, ein Aquarium, lebende Insektenstaaten, eine interessante Reise durch den menschlichen Körper und ein Reptilienzoo. Das absolute Highlight für Kinder ist sicherlich die Saurierhalle, die Rekonstruktionen und Originalskelette der ausgestorbenen Großechsen zeigt.
Salzburg, Museumsplatz 5 • Tel. 06 62/ 84 26 53 • www.hausdernatur.at • tgl. 9–17 Uhr • Eintritt 8 €, Kinder 5,50 €

Kindererlebnispark Straßwalchen E 1

Bei der Reise durch das Land der Feen, Zwerge und Feuer speienden Drachen stoßen die kleinen Besucher des Erlebnisparks auch auf ein Piratenschiff, auf eine Westerneisenbahn und auf ein Indianerlager.
Straßwalchen, Märchenpark 1 • www.erlebnispark.at • Mitte April–Ende Okt. tgl. 10–18 Uhr • Eintritt 18,50 €, Kinder 15,50 €

Salzburger Freilichtmuseum D 2

Vom Heustadel über Mühlen und Sägen bis hin zu stattlichen Höfen und Wohnhäusern: Im Freilichtmuseum sind die stummen Zeitzeugen aus dem 16. bis 19. Jh. auf 50 ha Fläche vereint. Zum Toben gibt es für die kleinen Besucher einen Abenteuerspielplatz.
Großgmain, Hasenweg • www.freilichtmuseum.com • Ende März–Anfang Nov. Di–So 9–18 Uhr • Eintritt 11 €, Kinder 5,50 €

Wildpark Ferleiten D 5

Mitten im Familienwandergebiet Fusch liegt der Wildpark Ferleiten, in dem über 200 Tiere, darunter Steinböcke, Murmeltiere, Bisons, Wölfe, Luchse und auch ein paar Bären, zu Hause sind. Es gibt Greifvogelvorführungen (tgl. außer Mo um 11 und um 15 Uhr), außerdem einen großen Erlebnisspielpark.
Fusch-Ferleiten • Tel. 0 65 46/2 20 • www.wildpark-ferleiten.at • Mai–Okt. tgl. 8 Uhr bis Einbruch der Dunkelheit • Eintritt 8 €, Kinder 3,50 €

Weitere Familientipps sind durch dieses Symbol gekennzeichnet.

Maria Alm (▶ S. 95) mit seiner Wallfahrtskirche liegt zu Füßen
der imposanten Gebirgskette des Steinernen Meers. Links im Bild:
das 2504 m hohe Breithorn im Pinzgau.

Unterwegs in **Salzburg** und im **Salzburger Land**

Schöne Städte und kleine Orte mit Historie liegen über die vielseitige Gebirgslandschaft verstreut und bieten Kultur- und Naturerlebnisse.

Salzburg

In Salzburg verbindet sich nostalgischer Charme mit kultureller Klasse und historischer Bedeutung. Die Stadt an der Salzach bietet Eleganz genauso wie Gemütlichkeit.

◂ Vom kunstvoll angelegten Mirabellgarten (▸ S. 44) schweift der Blick auf
Dom und Festung.

Man nennt Salzburg auch die »Festspielstadt«. Denn als Max Reinhardt
zusammen mit einigen Kollegen
Anfang des 20. Jh. die Salzburger
Festspiele ins Leben rief, gab dies einen neuen Impuls, dessen Auswir-
kungen auf das Leben der Stadt bis
heute spürbar sind. Bunte Prominenz, Schickeria und jedermann
sonst ist immer gern dabei, wenn in
Salzburg was los ist. Nicht nur, wenn
zum wiederholten Mal seit dem Jahr
1920 das »Jeeederrrmaaann« über
den Domplatz schallt.

Salzburg   D 2

148 000 Einwohner
Stadtplan ▸ Klappe hinten
Salzburg hat eine stolze Vergangenheit. Eine Geschichte, in der die Erzbischöfe zugleich die weltlichen und
geistlichen Herrscher waren, musste
sich zwangsläufig im kulturellen
Gepräge der Stadt an der Salzach
niederschlagen. Heute noch bestim-
men über 100 Kirchen, Schlösser
und Paläste das prächtige Erschei-
nungsbild der Stadt.
Irgendwie stand Salzburg immer auf
der Sonnenseite der Geschichte. Das
Salz war lange Jahre die Haupteinnahmequelle der Erzbischöfe. Salzburg verdankt dem weißen Gold
seinen Namen und auch seinen
Wohlstand, denn der Salzhandel war
die Basis für die wirtschaftliche Entwicklung der Stadt. Und Mozart
wurde hier geboren, damals das En-
fant terrible der Musikszene, der
Vielschreiber unter den Komponisten. Allein der Name Mozart lässt
viele Salzburger gut leben. Denn sein

Namenszug prangt auf Skiern, grüßt
von Büchern, Kalendern, T-Shirts,
Likörflaschen, natürlich von den
Mozartkugeln und und und. Der
Komponist, der am 27. Januar – bzw.
Jänner, wie die Österreicher diesen
Monat nennen – im Jahr 1756 in
Salzburg das Licht der Welt erblick-
te, ist allgegenwärtig. »Mozartstadt«
wird Salzburg seinetwegen auch genannt – und das nicht ungern.
Gegen Brauchtum und Festspiel-
rummel setzte eine junge Szene zeitgenössische Kunst als Gegengewicht.
Die »Szene Salzburg« startete in den
späten 1960er-Jahren als das Alterna-
tiv-Festival, und sie hat sich heute
abseits von Salzburg-Klischees und
Mozartkugeln einen festen Platz im
kulturellen Leben der Stadt erobert.

SEHENSWERTES

Alter Markt   ▸ Klappe hinten, d 4
Der Alte Markt ist ein beschaulicher
Platz, gesäumt von hübschen Bür-
gerhäusern aus dem 17. Jh. Hier steht
das kleinste Haus Salzburgs (Haus-
nummer 10 a). Hineingequetscht in
einen Spalt zwischen zwei großen
Häusern, bietet es dennoch genügend
Raum für ein Geschäft. Sehenswert
auf diesem Platz sind der Florianibrunnen und die fürsterzbischöfliche **Hofapotheke**, die ganz im Roko-
kostil eingerichtet ist.

Dom ▸ Klappe hinten, d 4/5

Nachdem der mittelalterliche Dom 1598 abgebrannt war, begann man 1614 mit dem Neubau nach Plänen Santino Solaris, der hier frühbarocken Stil mit römischen Bauideen verband. Das Gotteshaus bietet Platz für 10 000 Menschen. 1628 fand die feierliche Einweihung statt. Die Türme wurden erst 1652 bis 1665 vollendet. 1959 musste der Dom nach Bombenschäden vollständig restauriert werden. Und so zeigt er sich heute: An der dreiachsigen strengen Fassade mit vorgelagerter

Beeindruckend – die lichtdurchflutete Vierungskapelle des Doms (▸ S. 38).

Balustrade beeindrucken die auf Sockeln stehenden Monumentalfiguren. Die Portalheiligen stellen Rupert, Virgil, Petrus und Paulus dar, im Mittelgeschoss sind die vier Evangelisten abgebildet, am Giebel Moses und Elias. Gekrönt wird die

Fassade von der Giebelfigur des Heilands als Retter der Welt.

Domplatz • keine Besichtigung während der Gottesdienste

Domplatz ▸ Klappe hinten, d 4/5

Hier wurde im Jahr 1920 mit der ersten »Jedermann«-Aufführung der Grundstock zu den Salzburger Festspielen gelegt. Im Zentrum des Platzes ragt die von den Gebrüdern Hagenauer geschaffene Mariensäule von 1771 empor.

⭐ **DomQuartier** ▸ Klappe hinten, d 4

Das ehemalige Zentrum fürsterzbischöflicher Macht, der Komplex aus Residenz und Dom, ergänzt um das Benediktinerkloster St. Peter, ist seit 2014 nach rund 200 Jahren wieder öffentlich zugänglich und auf einem Rundgang erfahrbar. Dabei können die Besucher gleich fünf verschiedene Museen besichtigen. Dazu gehören die Prunkräume der Residenz (▸ S. 43), die Residenzgalerie, das Dommuseum (▸ S. 45) und das Museum St. Peter. Außerdem ist die Barocksammlung Rossacher des Salzburg Museums in den Nordoratorien dem Publikum zugänglich gemacht. Auf rund 1500 m² sind 2000 historische Exponate zu besichtigen, darunter die Kunstschätze der Fürsterzbischöfe, die Prunkräume der Residenz, die Raritäten und Kuriositäten der Kunst- und Wunderkammer, die Orgelempore im Salzburger Dom. Während des Rundgangs fühlt man sich wie auf einem Streifzug hinter den Kulissen der Geschichte.

Residenzplatz 1 • www.domquartier. at • Mi–Mo 10–17, Juli, Aug. tgl. 10–17, Mi 10–20 Uhr • Eintritt 12 €, Kinder bis 6 J. frei, Familien 27 € (wenn Teilbereiche geschl., Eintritt günstiger)

Erzabtei St. Peter ▸ Klappe hinten, d 5

Das Stift St. Peter bildet als Benediktiner-Erzabtei den historischen Kern Salzburgs. Die Anlage stammt vorwiegend aus dem 16. und 17. Jh. und umschließt drei Innenhöfe. In der Mitte des ersten Hofes befindet sich der St.-Rupertus-Brunnen, ein alter Schöpfbrunnen aus dem 17. Jh., der 1927 wieder aufgebaut wurde. Durch ein Tor erreicht man dann den Haupthof mit dem Petrusbrunnen (1673), der ursprünglich als Fischbehälter diente. Der dritte Stiftshof ist für Besucher nicht zugänglich.

Die Stiftskirche St. Peter stammt aus dem 12. Jh. Die ursprünglich romanische Basilika wurde zwischen 1605 und 1624 sowie zwischen 1760 und 1785 tiefgreifend verändert. Die Kuppel wurde 1622 errichtet und 1657 erhöht. Die spätbarocken Deckenfresken stammen, wie die meisten Wandbilder, von Franz Xaver König (1758). Das »Felsengrab« des hl. Rupert ist im rechten Seitenschiff zu bewundern.

St.-Peter-Bezirk • www.stift-stpeter. at • Kirche tgl. 8–12 und 14.30– 18.30 Uhr, keine Besichtigung während der Gottesdienste • Eintritt frei

Festspielhaus ▸ Klappe hinten, c 4

Das Festspielgebäude, das einst als Winterreitschule diente, wurde 1926 zu einem Mehrzweckfestsaal umgebaut. In den Jahren bis 1937 wurden die barocken Räume so umgestaltet, dass hier Opern, Schauspiele und Konzerte stattfinden konnten. Die Fassade, die J. B. Fischer von Erlach (1694) schuf, ist noch zum größten Teil in der ursprünglichen Form erhalten. Das Foyer des Kleinen Festspielhauses schmücken Fresken von Anton Faistauer (1926). Mit österrei-

chischer Kunst ist auch das Zentralfoyer ausgestattet: Hier findet sich eine Orpheusstatue des zeitgenössischen Bildhauers Alfred Hrdlicka. Hofstallgasse 1 • www.salzburger festspiele.at • Besichtigung nur mit Führung (in der Regel 14 Uhr) • Eintritt 7 €, Kinder 4 €

⭐ **Festung Hohensalzburg** 👥👥 ▸ Klappe hinten, d 5/e 6

Mitteleuropas größte vollständig erhaltene Burganlage (▸ Plan, S. 41) ist das Wahrzeichen Salzburgs. Sie liegt 120 m hoch über der Salzach thronend auf dem Festungsberg und bietet einen herrlichen Blick auf die Stadt und die umgebende Bergwelt. So wie sich die Festung heute präsentiert, wurde sie größtenteils während der Amtszeit des Erzbischofs Leonhard von Keutschach (1495–1519) im 15. Jh. erbaut. Heute wird sie teils als Museum, teils privat genutzt.

Man erreicht die Festung in 70 Sekunden mit der Standseilbahn oder in 20 Minuten zu Fuß. Der Zugang zum äußeren Burgring führt durch drei Tore über eine Zugbrücke, durch das Bürgermeistertor erreicht man den Zwinger. Von hier geht es weiter über eine steile Treppe und durch die Höllenpforte oder geradewegs durch die Rosspforte in den äußeren Burghof.

Im Inneren Burghof befindet sich der Hohe Stock, den Palas, den man nur während der Führung besichtigen kann. Die Fürstenzimmer im dritten und vierten Stock des Gebäudes zählen zu den schönsten gotischen Profanräumen Mitteleuropas. Mönchsberg 34 • www.salzburg-burgen.at, www.festungsbahn.at • Jan.–April, Okt.–Dez. 9.30–17, Mai– Sept. 9–19 Uhr, letzter Einlass in den

Innenbereich je eine halbe Stunde früher • Eintritt (inkl. Festungsbahn) 12 €, Kinder 6,80 € • Revision der Festungsbahn im Jan. und Nov.

Franziskaner-
kirche ▶ Klappe hinten, d 4

Die Ursprünge der Kirche gehen auf das 8. Jh. zurück. Der Bau erfuhr im Lauf der Zeit viele Veränderungen, etwa die Neugestaltungen des Hochaltars zunächst von Michael Pacher und in seiner jetzigen Form von Johann Bernhard Fischer von Erlach. Franziskanergasse 5 • keine Besichtigung während der Gottesdienste

Friedhof St. Peter ▶ Klappe hinten, d 5

Seine Anfänge reichen bis ins spätrömische Juvavum – so lautete der römische Name Salzburgs – zurück. Umgeben von Arkaden, die viele Epitaphe und kunstvoll geschmiedete Eisengitter enthalten, gilt der Friedhof als mystischer Ort und diente schon als dramatische Kulisse legendärer »Faust«-Aufführungen. St.-Peter-Bezirk • April, Mai tgl. 6.30–20, Juni–Aug. tgl. 6.30–21.30, Sept. 6.30–19, Okt.–März 6.30–18 Uhr

⭐ **MERIAN Tipp**

KAPUZINERBERG
▶ Klappe hinten, e/f 2/3

Bei einem Spaziergang auf den Kapuzinerberg wechselt man innerhalb weniger Minuten von der hektischen Stadt in die ruhige Natur. ▶ S. 14

Getreidegasse ▶ Klappe hinten, c 4

Lange Zeit war diese Straße als Verlängerung der Judengasse der einzige durchgängige Straßenzug der Stadt.

Zahlreiche reich verzierte Schilder, kunstvolle Portale, gepflegte Fassaden und idyllische Arkadenhöfe bilden den idealen Hintergrund für das pulsierende Geschäftsleben dieser Gasse. Jedes Schild für sich ist ein kleines Kunstwerk.

Berühmt sind aber auch die sogenannten »Durchhäuser«: Die Getreidegasse besitzt auf der ganzen Länge keine Quergasse, und lange Zeit waren diese öffentlichen Häuserdurchgänge die einzige Möglichkeit, um zur Salzach und zum Universitätsplatz zu gelangen. Im Gegensatz zu den meist einfachen Fassaden sind die Innenhöfe mit ihren Arkaden, den Laubengängen, den Portalen aus Untersberger Marmor, den teilweise engen Stiegenhäusern und detailreichem architektonischen Dekor eine wahre Augenweide. Das älteste dieser Häuser ist das Schatz-Durchhaus, das 1363 erstmals urkundlich erwähnt wurde.

Kapuziner-
kloster ▶ Klappe hinten, d/e 3

Am Kapuzinerberg bietet sich ein Besuch des alten Kapuzinerklosters (1599–1602) an, das man von der Linzer Gasse aus auf einem Kreuzweg oder über eine Treppe hinter dem Hotel Stein erreicht. Die sechs barocken Figuren am Weg stammen aus dem 18. Jh. und wurden von Salzburger Künstlern geschaffen. Durch die Felixpforte und über die Imbergstiege geht es zum Kloster. Sehenswert sind hier oben die eher schlichte Klosterkirche – die geschnitzten gotischen Eichentüren des alten romanischen Doms wurden hier als Kirchenportal verwendet –, das Franziskischlössl und vor allem der Blick auf Salzburg. Heute

Festung Hohensalzburg ⭐

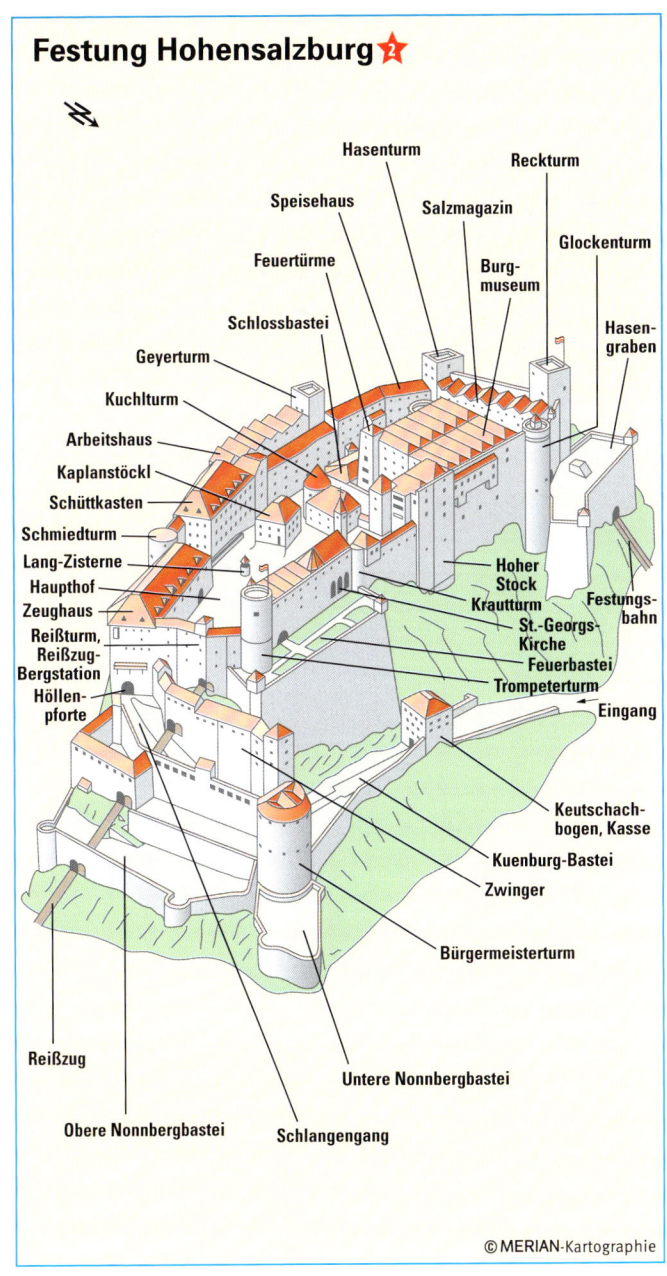

Hasenturm
Reckturm
Speisehaus
Salzmagazin
Glockenturm
Feuertürme
Burg-museum
Schlossbastei
Hasen-graben
Geyerturm
Kuchlturm
Arbeitshaus
Kaplanstöckl
Schüttkasten
Schmiedturm
Lang-Zisterne
Hoher Stock
Haupthof
Krautturm
Festungs-bahn
Zeughaus
St.-Georgs-Kirche
Reißturm, Reißzug-Bergstation
Feuerbastei
Höllen-pforte
Trompeterturm
Eingang
Keutschach-bogen, Kasse
Kuenburg-Bastei
Zwinger
Bürgermeisterturm
Reißzug
Untere Nonnbergbastei
Obere Nonnbergbastei
Schlangengang

© MERIAN-Kartographie

Kleine Rast auf dem Mozartplatz (▶ S. 42). Vorbei am Café Glockenspiel, rechts (mit Markise), kommt man zum Domplatz (▶ S. 38).

ist das Kloster eine Ausbildungsstätte der Kapuziner. Gäste können sich dort bei den Klosterwochen einquartieren und erhalten einen interessanten Einblick ins klösterliche Leben und Arbeiten.
Kapuzinerberg 6 • www.kapuziner.org

Mozarteum   ▶ Klappe hinten, c 2
Die Internationale Stiftung Mozarteum mit zwei Konzertsälen und dem Mozart-Archiv hat in diesem Jugendstilbau ihre Heimat gefunden. Geboten werden u. a. interessante Musikprogramme für Kinder und Jugendliche.
Schwarzstr. 26 • www.mozarteum.at

Mozartplatz   ▶ Klappe hinten, e 4
Dieser Platz erhält besondere Bedeutung durch das mächtige bronzene Mozartdenkmal, das 1842 hier aufgestellt wurde. Den Sockel der Statue spendete Bayernkönig Ludwig I.

Mozarts Geburtshaus   ▶ Klappe hinten, c 4
Das Geburtshaus aller Geburtshäuser in der Festspielstadt befindet sich in der Getreidegasse und beherbergt, in der einstigen Wohnung der Familie Mozart, das Mozart-Museum, das mit diversen Exponaten über das Musikgenie informiert.
Getreidegasse 9 • www.mozarteum. at • tgl. 9–17.30, Juli, Aug. 8.30–19 Uhr • Eintritt 11 €, Kinder 3,50 €

Mozart-Wohnhaus ▶ Klappe hinten, d 3
Nach dem Umbau vor einigen Jahren präsentiert sich das Mozart-Wohnhaus in neuem Glanz. In diesem Gebäude soll der Musiker zwischen 1773 und 1780 viele Stücke komponiert haben. Die Ausstellung, die sich durch die einzelnen Räume zieht, gibt einen perfekten Überblick über Leben und Wirken Mozarts und seine Familie. Erklärungen er-

folgen über Audio-Guide. Tipp: Das Mozart-Wohnhaus ist weit weniger überlaufen als Mozarts Geburtshaus. Makartplatz 8 • www.mozarteum.at • tgl. 9–17.30, Juli, Aug. 8.30–19 Uhr • Eintritt 11 €, Kinder 3,50 €

Panoramaschiff   ▸ Klappe hinten, c 3
Erleben Sie Salzburgs Sehenswürdigkeiten vom Schiff aus. Zwei Touren werden angeboten: 45 Minuten dauert die eine Tour; die zweite Tour sieht eine Pause vor, in der man das barocke Schloss Hellbrunn (▸ S. 54) besichtigen kann. Die Abfahrt erfolgt immer zur vollen Stunde.
Anton-Adlgasser-Weg 22 • Tel. 06 62/ 82 58 58 • www.salzburghighlights.at – Tour 1: 15 €, Kinder 7,50 € – Tour 2 mit Hellbrunn: 18 €, Kinder 10 € – Tour 3 Hellbrunn exklusiv: 29 €, Kinder 19 €

Red Bull
Arena   ▸ Klappe hinten, nordwestl. a 1
Die Red Bull Arena, das Fußballstadion an Salzburgs Stadtrand in der Gemeinde Wals-Siezenheim, bietet rund 30 000 Zuschauern Platz. Im Stadion des Red-Bull-Fußballteams, der österreichischen Nummer eins, gibt es einen Fanshop, jeden Samstag um 10 Uhr Führungen, die einen Blick hinter die Kulissen ermöglichen, und mit dem Bull's Corner ein gutes Restaurant inklusive Bar. Das Stadion ist leicht erreichbar, es steht direkt an der Westautobahn bei der Ausfahrt Kleßheim.
Wals-Siezenheim, Stadionstr. 4/2 • www.redbulls.com/de/red-bull-arena/spielstaette.html • Führungen Sa 10 Uhr (vorherige Anmeldung bis spätestens Mi derselben Woche) • Ticket 6 €

Residenz   ▸ Klappe hinten, d 4
Ein Besuch der Residenz führt durch 200 Jahre Stilgeschichte – von Renaissance bis Klassizismus. Zwischen 1600 und 1619 erhielt der ursprünglich aus dem Jahr 1120 stammende Bau seine heutige Gestalt und wurde 1660 um ein Stockwerk erhöht. Bis ins Jahr 1803 residierten hier die Salzburger Fürstbischöfe. Die Bautrakte gruppieren sich um drei Innenhöfe und wirken als Kontrast zu der eher schlicht gehaltenen Fassade. Durch das kleine Marmorportal mit den Wappen der Erzbischöfe Wolf Dietrich von Raitenau, Paris Lodron und Franz Anton Harrach gelangt man in den Haupthof mit Arkaden und dem Herkulesbrunnen. Die Besichtigung der Prunkräume in der 2. Etage führt zuerst in den Carabinierisaal. Der anschließende Rittersaal ist sozusagen Vorraum zu den landesfürstlichen Räumen mit Konferenzzimmer, Antecamera, Audienzsaal und den fürstbischöflichen Privatgemächern.
Residenzplatz 1 • tgl. außer Di 10–17, Juli, Aug. tgl. 10–17, Mi 10–20 Uhr • Eintritt 12 €, Kinder bis 6 J. frei, Familienkarte 27 €

Residenzplatz   ▸ Klappe hinten, d 4
Der Residenzplatz ist der Mittelpunkt der Altstadt und der barocke Residenzbrunnen aus Untersberger Marmor ein beliebter Treffpunkt. Darüber hinaus erfreuen sich die zahlreichen Besucher am Glockenspiel, das täglich um 7, 11 und 18 Uhr vom Turm des Residenz-Neugebäudes ertönt. Und natürlich sind es Mozartmelodien, die die 35 Glocken – im monatlichen Wechsel – erklingen lassen. Auf das Glockenspiel antwortet der Salzburger Stier, das akustische Wahrzeichen der Stadt.

Der monumentale Sakralbau der Universitätskirche (▸ S. 44) von 1707.

»Salzburger Panorama«

▸ Klappe hinten, e 4

Mit winzigen Rasierklingen wurden die alten Farbschichten abgetragen, damit das »Salzburger Panorama« restauriert werden konnte. Nun ist dieses einzigartige Gemälde von Johann Michael Sattler aus dem Jahr 1829 wieder zu bewundern.

Panorama Museum, Residenzplatz 9 • tgl. 9–17 Uhr • Eintritt 4 €, Kinder 1,50 €

Schloss Mirabell und Mirabellgarten

▸ Klappe hinten, c 1/2

Im Jahr 1606 ließ Erzbischof Wolf Dietrich das Schloss als Landsitz für seine Gefährtin Salome Alt errichten. Mit ihr hatte der geistliche Würdenträger 15 Kinder! Der ehemalige Landsitz »Altenau« wurde 1818 nach dem Stadtbrand in schlichterer Form wieder aufgebaut. Sehenswert ist der Marmorsaal im 1. Stock

Nicht nur das Schloss, sondern auch dessen Garten vermag zu bezaubern. Er wurde durch Fischer von Erlach um 1690 gestaltet, erfuhr aber 1730 durch Franz Anton Danreiter erhebliche Veränderungen: Brunnen und Fontänen, Skulpturengruppen, der skurrile Zwerglgarten, herrliche Blumenarrangements, der Irrgarten und das Heckentheater lassen jedes Besucherherz höherschlagen.

Mirabellplatz • Marmorsaal: Mo, Mi, Do 8–16, Di, Fr 13–16 Uhr • Eintritt frei

St.-Sebastians-Friedhof

▸ Klappe hinten, e 2

Der St.-Sebastians-Friedhof wurde in den Jahren 1595 bis 1600 unter Erzbischof Wolf Dietrich von Raitenau nach dem Vorbild eines italienischen Campo Santo angelegt. Am Weg zur Kapelle ruhen Mozarts Vater Leopold (1719–1787), Mozarts Frau Constanze (1762–1842) sowie Genoveva von Weber, die Mutter des Komponisten Carl Maria von Weber und Tante von Constanze Mozart. Auch der Arzt und Naturphilosoph Paracelsus (1493–1541) fand hier seine letzte Ruhestätte.

Linzergasse

Universitätskirche ▸ Klappe hinten, c 4

Dieses Meisterwerk von J. B. Fischer von Erlach gehört zu den bedeutendsten Sakralbauten Europas und stellt gleichzeitig eine Synthese der großen Architektursysteme dar. 1707 wurde die Kirche eingeweiht.

Universitätsplatz

Zauberflöten-häuschen

▸ Klappe hinten, c 2

In diesem kleinen Holzpavillon komponierte Wolfgang Amadeus Mozart 1791 seine Oper »Zauber-

flöte«. Als er darin arbeitete, stand dieses Gartenhaus in Wien. 1873 wurde es nach Salzburg gebracht, und nach mehreren Standortwechseln innerhalb der Stadt erhielt es 1950 seinen Platz im Bastionsgarten hinter dem Mozarteum.
Schwarzstr. 26

MUSEEN

Domgrabungs-
museum　　　▸ Klappe hinten, d 4

In diesem unter dem Residenzplatz gelegenen Haus sind Ausgrabungen aus römischer Zeit sowie des mittelalterlichen Doms zu sehen. Interessant sind die Funde einer römischen Villa, von der Mauerwerk und Kleinfunde ausgegraben wurden.
Residenzplatz • Tel. 06 62/6 20 80 81 31 • www.salzburgmuseum.at/domgrabungsmuseum.html • Juli, Aug. tgl. 9–17 Uhr, sonst auf Anfrage • Eintritt 3 €, Kinder 1 €

Dommuseum zu
Salzburg　　　▸ Klappe hinten, d 4/5

Das Dommuseum beherbergt den Domschatz sowie Kunstwerke aus der Erzdiözese Salzburg vom Mittelalter bis zum 19. Jh. Einige Stücke des Domschatzes erinnern an den Salzburger Patron, den hl. Rupert, etwa das Rupertuskreuz aus dem 8. Jh. In der »Langen Galerie« ist die fürsterzbischöfliche Kunst- und Wunderkammer eingerichtet, die Kurioses aus dem 17. und 18. Jh. zeigt.
Domplatz • tgl. außer Di 10–17, Juli, Aug. tgl. 10–17, Mi 10–20 Uhr • Eintritt 12 €, Kinder bis 6 J. frei

Galerie 5020　　▸ Klappe hinten, c/d 4

Junge Kunst aus Salzburg und internationale Avantgarde stehen im Fokus der Galerie.
Sigmund-Haffner-Gasse 12/1 • www.galerie5020.at • Di–Fr 14–18, Sa 11–14 Uhr • Eintritt frei

Der kubische Baukörper, der das Museum der Moderne Salzburg (▸ S. 46) beherbergt, stammt von dem Münchener Architektentrio Friedrich, Hoff und Zwink.

3 Hangar-7 ▶ Klappe hinten, westl. a 1
An der Stelle eines herkömmlichen Hangars wurde ein Platz geschaffen, an dem die Liebe zur Fliegerei und zur Kunst einander begegnen. Der Hangar-7 ist längst (Kult-)Stätte der Kunst und des Genusses geworden, mit Ausstellungen und Kulturveranstaltungen sowie zwei Bars und einem Restaurant. Dazu gesellt sich eine besondere Sammlung einzigartiger historischer Flugzeuge: die Flying Bulls.

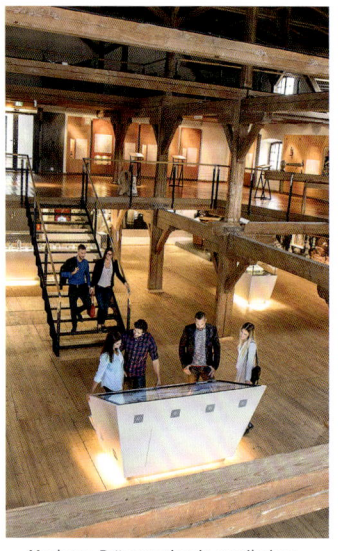

Moderne Präsentation in rustikalem Ambiente: die Stiegl-Brauwelt (▶ S. 47).

Salzburg Airport, Wilhelm-Spazier-Str. 7a • Tel. 06 62/21 97 •
www.hangar-7.com
– Flugzeugsammlung: tgl. 9–22 Uhr
– Restaurant Ikarus: Mo–Mi 19–22, Do–So 12–14, 19–22 Uhr
– Lounge Carpe Diem: tgl. 9–17 Uhr
– Bar Mayday: So–Do 12–24, Fr, Sa 12–1 Uhr

Haus der Natur
▶ Familientipps, S. 33

Mozart Ton- und Filmmuseum ▶ Klappe hinten, d 3
Im Mozart-Wohnhaus (▶ S. 42) ist ein Ton- und Filmmuseum untergebracht, dem ein Archiv für Werkinterpretation und für Dokumentar- und Spielfilme angeschlossen ist.
Makartplatz 8 • www.mozarteum.at • Mo, Di, Fr 9–13, Mi, Do 13–17 Uhr • Eintritt frei

Museum der Moderne Salzburg ▶ Klappe hinten, b 3
In spektakulärer Lage an einer steil abfallenden Klippe des Mönchbergs liegt das neue Museum der Moderne Salzburg auf drei Ebenen an der Stelle des ehemaligen Café Winkler. Seit 2004 wird hier gemeinsam mit dem Stammhaus Rupertinum in der Altstadt auf 3000 m² zeitgenössische Kunst ausgestellt, mit dem Ziel, die Bedeutung von Kunst in der heutigen Gesellschaft zu akzentuieren.
Mönchsberg 32 • www.museumdermoderne.at • tgl. außer Mo 10–18, Mi 10–20 Uhr • Eintritt 8 €, Kinder 6 €

Spielzeugmuseum ▶ Klappe hinten, b 4
Auf drei Etagen zeigen viele Tausend Exponate, womit kleine und große Kinder in den letzten 300 Jahren gespielt haben. Holzspielzeug, Puppen, Puppenstuben, Eisenbahnen und Papierspielzeug sind hier ebenso zu sehen wie optische und physikalische Spielsachen, Zinnfiguren, Spielzeug aus Übersee und vieles mehr.
Bürgerspitalgasse 2 • www.spielzeugmuseum.at • Di–So 9–17 Uhr, Juli, Aug., Sept. auch Mo • Eintritt 4 €, Kinder 1,50 €

**Stiegl-
Brauwelt** ▸ Klappe hinten, westl. a 6

Eine Erlebniswelt in Sachen Bier bietet die große Salzburger Traditionsbrauerei. Im Braushop startet der bierselige Ausflug mit interaktiven Vorführungen inklusive eines 270-Grad-Kinofilms über die Welt des Biers, Brauvorführungen und einem Exkurs in die Historie. Natürlich kann man das Bier auch vor Ort verkosten, was am besten im angrenzenden Lokal oder an schönen Tagen im Biergarten im Innenhof geschieht.
Bräuhausstr. 9 • Tel. 0 50/14 92 14 92 • www.stiegl.at • tgl. 10–17, Juli, Aug. 10–19 Uhr • Eintritt 12,50 €, Kinder 7,50 €

SPAZIERGÄNGE

Die Höhepunkte der Altstadt

Stadtplan ▸ Klappe hinten

Vom **Mozartplatz** mit dem Mozartdenkmal geht es über den weitläufigen **Residenzplatz** zum **Domplatz**. Hier befindet sich der beste Ausgangspunkt für eine Eroberung der **Festung**, denn es sind nur wenige Schritte zur Standseilbahn, die den Besucher in Sekundenschnelle zu Mitteleuropas größter vollständig erhaltener Burganlage hinaufbringt. Der Rückweg führt über den **Petersfriedhof** zur Pacher Madonna in der Franziskanerkirche. Von dort vorbei an den **Festspielhäusern** und an der **Pferdeschwemme** gelangen Sie in die **Getreidegasse**. Das Haus Nummer 9 ist die wichtigste Mozart-Gedenkstätte Salzburgs, sein Geburtshaus, in dem heute das **Mozart**-Museum untergebracht ist. Am Ende dieser Gasse befindet sich der **Alte Markt** und in der Mitte dieses hübschen Platzes der Florianibrunnen.
Dauer: 1 Stunde

Durch die Neustadt

Stadtplan ▸ Klappe hinten

Vom gediegenen **Café Bazar** (Schwarzstr. 3) gehen Sie an der Salzach entlang Richtung Norden. Die Uferpromenade führt zum **Mirabellgarten**. Der Zwergerlgarten mit seinen skurrilen Gnomen, der immergrüne Irrgarten, das Heckentheater, das Barockmuseum und eine Galerie laden dazu ein, sich hier einige Zeit aufzuhalten. Der Marmorsaal im **Schloss Mirabell**, erreichbar über die barocke Engelstiege, zählt zu den schönsten Konzertsälen Europas.

Über den **Makartplatz** und die **Bergstraße** gelangen Sie in die **Linzer Gasse**, eine beliebte Einkaufsstraße, in der sich auch die **St.-Sebastians-Kirche** befindet. Auf dem angrenzenden kleinen Friedhof liegen Mozarts Frau Constanze und sein Vater Leopold begraben. Hier befindet sich auch das **Wolf-Dietrich**-Mausoleum. Am entgegengesetzten Ende der Linzer Gasse führt der Weg in die schmale **Steingasse** mit einigen netten Abendlokalen.
Dauer: 45 Minuten

ÜBERNACHTEN

Goldener Hirsch ▸ Klappe hinten, c 3

Klassisches Stadthotel • Im Herzen der Altstadt, nahe beim Festspielhaus. Hier verbindet sich der Charme der Vergangenheit mit modernstem Luxus. Viel Stammpublikum.
Getreidegasse 37 • Tel. 06 62/ 80 84-0 • www.goldenerhirsch salzburg.at • 69 Zimmer • ✈ • €€€€

Hotel Sacher ▸ Klappe hinten, c 3

Erstes Haus am Platz • Im früheren Hotel »Österreichischer Hof« an der ruhigen Salzach-Promenade betten sich nicht nur gekrönte Häupter und

Der Goldene Hirsch (▸ S. 47) in der Getreidegasse ist ein Traditionshotel, das seinem Namen bei der Gestaltung der Innenräume alle Ehre macht.

Aristokraten. Das Gebäude, das Carl Freiherr von Schwarz in den Jahren 1863 bis 1866 erbauen ließ, bietet auch einen idealen Rahmen für Tagungen und Bankette.
Schwarzstr. 5–7 • Tel. 06 62/
8 89 77-0 • www.sacher.com •
114 Zimmer und Suiten • 🐾 • €€€€

Schloss
Mönchstein ▸ Klappe hinten, a 2
Luxus und Romantik pur • Nach einem Besitzerwechsel präsentiert sich das romantische Luxushotel am Mönchstein in neuem Glanz. Neben 24 Zimmern und Suiten, einem neuen Spabereich und dem feinen Restaurant Schloss Mönchstein bietet es das »kleinste Restaurant der Welt« in der Turmspitze für maximal vier Personen.
Mönchsberg Park 26 • Tel. 06 62/
84 85 55-0 • www.monchstein.at •
24 Zimmer und Suiten • 🐾 • €€€€

Blaue Gans,
»art Hotel« ▸ Klappe hinten, c 4
Designhotel ganz zentral • Vom ältesten Wirtshaus der Getreidegasse zum ersten »artHotel« Salzburgs: ein bewohnbares Kunstwerk, das Tradition und Innovation verbindet. 35 Zimmer und Suiten sind sehr individuell eingerichtet, rund 120 Kunstwerke beherbergt das Haus.
Getreidegasse 41–43 • Tel. 06 62/
84 24 91-50 • www.hotel-blaue-gans-salzburg.at • 🐾 🐾 • €€€

Gersberg
Alm ▸ Klappe hinten, nordöstl. f 1
Nobelalm • Der Name ist pure Untertreibung. Bei dieser Alm an der Gaisbergstraße oberhalb von Salzburg handelt es sich um ein stilvolles Romantikhotel, das im 19. Jh. als Gasthaus begann. Viel Natur, Wellness und erstklassige Aussichten machen es nicht nur für Urlauber

interessant. Die Gersberg Alm ist auch ein beliebtes Tagungshotel.
Gersberg 17 • Tel. 06 62/
64 12 57 • www.gersbergalm.at •
44 Zimmer • €€€

Hotel Auersperg   ▶ Klappe hinten, e 1
Stadthaus mit Stil • In einer ruhigen Seitenstraße wenige Gehminuten östlich des Zentrums versteckt sich dieses charmante Viersternehaus. Reizvoll sind die Zimmer in der Villa und das Cityspa im Dachgeschoss.
Auerspergstr. 61 • Tel. 06 62/
88 94 40 • www.auersperg.at •
55 Zimmer • €€€

Rosenvilla   ▶ Klappe hinten, östl. f 4
Ruhig und individuell • Ein kleines, feines Viersternehotel in ruhiger Lage und mit modernem Interieur. Sozusagen »jenseits« der Salzach, aber nur wenige Gehminuten vom Zentrum entfernt.
Höfelgasse 4 • Tel. 06 62/62 17 65 •
www.rosenvilla.com • 14 Zimmer •
€€€

ESSEN UND TRINKEN

Schmaustheater   ▶ Klappe hinten, d 4
Tafeln mit Varieté • Mitten in Salzburg, in den Gewölben unter dem K+K-Restaurant, würzen Gaukler und Bänkelsänger mit Schabernack und Moritaten ein uriges mittelalterliches Essvergnügen.
Waagplatz 2 • Tel. 06 62/84 21 56 •
www.kkhotels.com • Reservierung erforderlich, das Spektakel findet ab einer Besucherzahl von 20 Pers. statt • Preis auf Anfrage

Magazin   ▶ Klappe hinten, westl. a 3
Hier tafelt Salzburg • Die Kombination aus Restaurant und Vinothek ist eine der angesagtesten Gourmet-adressen der Mozartstadt. Die Gäste werden mit kreativer österreichischer Küche verwöhnt.
Augustinergasse 13 • Tel. 06 62/
84 15 84 • www.magazin.co.at •
Di–Sa 10–24 Uhr • €€€€

Franziski-
schlössl   ▶ Klappe hinten, östl. f 2
Schlossküche • Gute 20 Minuten geht man von der Linzer Gasse teils steil bergauf durch den Wald am Kapuzinerberg. Der Weg lohnt sich, denn das kleine Schloss aus dem Dreißigjährigen Krieg ist ein Schmuckstück mit herrlicher Aussicht und feiner Küche. Elegante Salons und ein Laden mit hauseigenen Produkten ergänzen das romantische Angebot. Es gibt auch einen Shuttleservice. Der Ausflug zu dem einsamen Schloss bietet einen charmanten Kontrast, eine Bergwanderung mitten in der Stadt. Oben soll es auch Gämsen geben.
Kapuzinerberg 9 • Tel. 06 62/87
25 95 • www.franziskischloessl.at •
Mi–So 11–17 Uhr • €€€

Restaurant
Esszimmer   ▶ Klappe hinten, a 1
Haubenküche • Der schlichte Name steht für eines der besten Salzburger Gourmetlokale. Bei Andreas Kaiblingers Restaurant in der Müllner Hauptstraße zwischen Landesklinik und Salzachufer dominieren Eleganz und eine kreative österreichisch bis international inspirierte Küche. Dafür loben ihn die einschlägigen Gourmetführer inklusive der drei Hauben von Gault&Millau.
Müllner Hauptstr. 33 • Tel. 06 62/
87 08 99 • www.esszimmer.com •
Di–Sa 12–14 und 18.30–21.30 Uhr •
€€€

St. Peter
Stiftskeller ▶ Klappe hinten, d 5

Nostalgisch • Der St. Peter Stiftskeller ist eine gastronomische Institution in der Salzburger Altstadt. Das älteste Restaurant Mitteleuropas geht bis auf das Jahr 803 zurück und bietet heute elegante Nostalgie, einen schönen Gastgarten und eine gehobene klassische Küche.
St. Peter Bezirk 1/4 • Tel. 06 62/ 8 41 26 80 • www.stpeter.at • tgl. 11.30–23 Uhr • €€€

Augustiner Bräu, Müllner
Bräustübl ▶ Klappe hinten, a 1

Salzburger Klassiker • Hier wird im Haus gebrautes Bier direkt aus Holzfässern in steinerne Krüge gezapft. Die Brotzeit wird hier zur Jause, die Zutaten holt man selbst an den neun »Standln« im Standlgang. Diese Verkaufsstände offerieren alles, was man braucht: »Radi« (Rettich), »Bierweckerl« (Brötchen), heißen Leberkäse, Wurst und Käse, zum Beispiel vom Mondsee. Selbstbedienung. Im Sommer sitzt man in Österreichs größtem Biergarten.
Kloster Mülln, Lindhofstr. 7 • www. augustinerbier.at • Mo–Fr 15–23, Sa, So und Feiertag 14.30–23 Uhr • €€

Gasthaus
Kuglhof ▶ Klappe hinten, östl. a 1

Landgasthaus mitten in der Stadt • Nicht weit vom Flughafen Richtung Zentrum steht das zum Stiegl Bräu gehörende urige Gasthaus mit seinem schönen Biergarten. Trotz der eher unromantischen Umgebung ist der Kuglhof eine echte Idylle. Die Küche ist klassisch österreichisch.
Kugelhofstr. 13 • Tel. 06 62/83 26 26 • www.kuglhof.at • Di–So 11–23, Nov.– März So 11–18 Uhr • €€

Gasthof
Weiserhof ▶ Klappe hinten, nördl. d 1

Unweit des Hauptbahnhofs • Der Weiserhof ist ein klassisches Gasthaus, dessen Wirt Roland Essl die authentische alte Küche pflegt und dabei auf Produkte seiner eigenen Metzgerei zurückgreifen kann. Hier gibt es Spezialitäten wie Saumoasn mit Specklinsen und Erdäpfelpüree, gebackenen Ochsenschoas, gebackenen Kalbskopf, Stinkerknödel, gebratene Schweinskopfwurst mit Hirse, Dinkel, Rollgerste, Hafer und Grünkern. Die Gäste sind überwiegend Einheimische, und das Lokal ist immer gut besucht.
Weiserhofstr. 4 • Tel. 06 62/ 87 22 67 • www.weiserhof.at • Mo–Fr 11–23 Uhr • €€

Didilicious ▶ Klappe hinten, nordwestl. a 1

Im Europark • Eine für ein Shoppingcenter ungewöhnliche Küche bietet neuerdings Didi Maier, Sohn der berühmten Haubenköchin Johanna Maier aus Filzmoos, an. In seinem rund 200 m² großen Restaurant inklusive Showküche kombiniert er junge Küche mit einem Food Kiosk und einer eigenen Manufaktur, wo trendgerecht auch Offerten für Vegetarier und Veganer zubereitet werden. Zum Angebot gehören auch Kochkurse und Küchenpartys.
Europark, Europastr 1 • Tel. 06 62/ 26 56 57 • www.didimaier.com • Mo–Do 9–19.30, Fr 9–21, Sa 9– 18 Uhr • €

Stadtalm ▶ Klappe hinten, b 4

Zentral und doch auf dem Land • Eine Salzburger Institution, die sich selbst als »städtischste Alm, die es gibt« bezeichnet. Das kleine alte Gasthaus oben am Mönchsberg bie-

tet den Gästen eine Aussichtsterrasse und den perfekten Altstadtblick. Es gibt gutbürgerliche Gerichte.
Am Mönchsberg 19 c • Tel. 06 62/84 17 29 • www.stadtalm.at • Sommer tgl. 10–23 Uhr, Winter kürzer • €

Café Tomaselli　▸ Klappe hinten, d 4
Kaffeehauslegende • Seit 1700 gibt es dieses Café auf zwei Etagen. Ein klassisches Kaffeehaus, wie es immer weniger gibt! Das Tomaselli bietet Platz für 310 Gäste, an warmen Tagen können 300 weitere Gäste im Garten ihre »Melange« oder den »Großen Braunen« ordern.
Alter Markt 9 • Tel. 06 62/84 44 88-0 • www.tomaselli.at • tgl. 7–19, So ab 8 Uhr

EINKAUFEN

Europark　▸ Klappe hinten, nordwestl. a 1
Das größte und beliebteste Einkaufszentrum in und um Salzburg liegt direkt an der Autobahnausfahrt Salzburg-Kleßheim.
Europastr. 1 • www.europark.at

Lanz　▸ Klappe hinten, d 3
Wer exklusive Trachtenmode liebt, der ist hier genau richtig. Seit 70 Jahren gibt die Familie Lanz beim Trachtenschick den Ton an. Man hat Dirndl, Joppen und Janker gesellschaftsfähig gemacht.
Schwarzstr. 4 • www.lanztrachten.at

Mozarts Geburtshaus　▸ Klappe hinten, c 4
Tonträger werden hier verkauft mit Werken von Wolfgang Amadeus Mozart, die mit originalen Mozartinstrumenten aufgenommen worden sind, herausgegeben von der Internationalen Stiftung Mozarteum.
Getreidegasse 9

 **Nonnberger Erentrudishof**　▸ Klappe hinten, südl. f 6
Zur organisch-biologischen Landwirtschaft im Süden Salzburgs gehört auch ein Hofladen. Hier findet man ein reichhaltiges Angebot an Käsespezialitäten, Wurst, Fleisch, Obst, Gemüse und Kaffee.
Salzburg, Morzger Str. 40 • Tel. 06 62/82 28 58www.erentrudishof.at • Mo–Fr 9–18.30, Sa 9–12 Uhr

② MERIAN Tipp

STIFTSBÄCKEREI ST. PETER　▸ Klappe hinten, d 5
Über 700 Jahre alt ist diese Bäckerei im Stift St. Peter, wo das Brot aus Natursauerteig direkt in der Backstube verkauft wird.　▸ S. 15

Stassny Trachten　▸ Klappe hinten, c 4
Wenn's was ganz Besonderes sein soll: Bei Stassny gibt's erlesene Trachten auch nach Maß.
Getreidegasse 35 • www.stassny.at

AM ABEND
Casino Salzburg　▸ Klappe hinten, c 2
Roulette, Baccara, Black Jack, Seven Eleven, Glücksrad, Poker und Spielautomaten stehen täglich ab 15 Uhr im Schloss Kleßheim allen zur Verfügung, die volljährig sind. Im Casino-Restaurant/Bar gibt es als Vorzugspaket »Dinner & Casino«.
Wals-Siezenheim, Schloss Kleßheim, mit dem Auto auf der A 1, Abfahrt Kleßheim (gut beschildert), oder mit dem Gratis-Shuttle 14.30–24 Uhr ab Mönchsberglift und Mirabellplatz • Tel. 06 62/8 54 45 50 • www.salzburg.casinos.at • tgl. 10–3 Uhr

City Beats Club   ▸ Klappe hinten, c 3
House und RnB stehen in diesem Club beim alteingesessenen Sternbräu in der Altstadt im Mittelpunkt. Die internationale Musikszene gastiert in dem Club, der ziemlich viel Platz zu bieten hat.
Griesgasse 23 • Tel. 06 64/1 49 10 00 • www.citybeats.at • Fr, Sa 22–5 Uhr

Outdoor Lounge   ▸ Klappe hinten, südwestl. a 6
Weil zu jedem Flughafen auch ein aussichtsreicher Außenbereich gehört, bietet Red Bull Hangar 7 seine spezielle Outdoor Lounge an. Eine Bar mit allerbestem Blick auf den Runway und einem Angebot an internationalen Fleischgerichten, die man sich hier selbst zusammenstellen kann.
Wilhelm-Spazier-Str. 7a • Tel. 06 62/ 21 9 70 • www.hangar-7.com • bei schönem Wetter tgl. ab 12 Uhr

Rockhouse Salzburg   ▸ Klappe hinten, nordöstl. f 1
Allein das Ambiente ist bereits sehenswert, denn man trifft sich im über 400 Jahre alten Gewölbe. Das bewahrt die Anwohner vor dem Lärm von Hardcore, Ethno-Jazz, Heavy Metal und Gospelkonzerten. Auch Kleinkunst und Workshops werden veranstaltet.
Schallmooser Hauptstr. 46 • Tel. 06 62/88 49 14-0 • www. rockhouse.at • Mo–Sa 18 Uhr

Watzmann Cultbar.Lounge. Garden   ▸ Klappe hinten, d 3
Der Berg steht zwar drüben in Bayern, die Bar dazu aber am Giselakai in Salzburg. Coole Bar mit Lounge fürs junge Stadtpublikum mit einem schönen Garten direkt am Fuße des Kapuzinerbergs.
Giselakai 17a • Tel. 06 62/25 47 76 • Mo–Mi 20–4, Do–So 20–5 Uhr

Das Café Tomaselli (▸ S. 51) ist das älteste Kaffeehaus Österreichs. Bereits im Jahr 1700 erhielt der damalige Besitzer die Genehmigung zum »Kaffeeausschank«.

THEATER

Salzburg hat – nicht nur zur Festspielzeit – ein reiches Theaterleben. Die aktuellen Spielpläne für die Saison erhalten Sie über die Theater (Kartenvorverkauf ▸ S. 119).

Kleines Theater
▸ Klappe hinten, nordöstl. f 1

Engagiertes Schauspiel und gekonntes Kabarett mit einer großen Vielfalt an Künstlern und Produktionen. Schallmooser Hauptstr. 50 • Tel. 06 62/87 21 54 • www.kleines theater.at • Spielzeit Sept.–Juli

Landestheater Salzburg und Kammerspiele
▸ Klappe hinten, c 2

Das Landestheater bietet das ganze Repertoire: Oper, Ballett, Schauspiel, Musicals und Jugendtheater. Schwarzstr. 22 • Tel. 06 62/8 71 51 22 22 • www.salzburger-landes theater.at • Spielzeit Sept.–Mitte Juni

Republic – Szene Salzburg
▸ Klappe hinten, b 3

Das ehemalige Stadtkino in der Altstadt ist eine beliebte Kulturplattform und Schauplatz vieler Festivals, Tanz- und Theateraufführungen. Dazu finden viele Clubabende und Partys statt. Die Sommerszene ist ein populäres Avantgardefestival mit in- und ausländischen Künstlern. Anton-Neumayr-Platz 2 • Tel. 06 62/ 84 34 48 • www.szene-salzburg.net

Salzburger Marionetten-theater ♟♟
▸ Klappe hinten, c 2

Kein Puppentheater im üblichen Sinn – für Kinder und Erwachsene geeignet. Gezeigt wird das Repertoire eines großen Opernhauses zu Aufnahmen der weltweit führenden Orchester und Sänger.

Schwarzstr. 24 • Tel. 06 62/87 24 06 • www.marionetten.at • Spielzeit Mai–Sept., während der Mozartwoche sowie an Ostern und Weihnachten

SERVICE

AUSKUNFT

Salzburg-Information
▸ Klappe hinten, b 1

Mozartplatz 5 • Tel. 06 62/88 98 7-0 • www.salzburg.info • Jan.–März, Okt.–Dez. Mo–Sa 9–18, April–Juni, Sept. tgl. 9–18, Juli 9–18.30, Aug. 9–19 Uhr

Ziele in der Umgebung

◎ Radiomuseum Grödig 🔲 D 2

Die Geschichte des Radios dokumentieren die rund 250 Exponate dieses kleinen Museums in Grödig. Das beginnt mit ersten Detektormodellen aus der Zeit des Ersten Weltkriegs und führt über die legendären Volksempfänger bis zu den massiven Radiotruhen und Stereoempfängern aus den 1950er- und 1960er-Jahren. Grödig, Hauptstr. 3 • Tel. 06 62/ 7 28 57 • www.radiomuseum-groedig.at • Mi 15–19 Uhr und nach Vereinbarung • Eintritt 3 €, Kinder 1 € 12 km südl. von Salzburg

⭐ ③ MERIAN Tipp

GRÜLL FISCHSPEZIALITÄTEN 🔲 D 2

Der Fischhändler Walter Grüll in Grödig ist vor allem bekannt dafür, der einzige Hersteller von Kaviar – und zwar klassisch vom Stör – in ganz Österreich zu sein. Seine Fischspezialitäten kann man auch im eigenen Stüberl verkosten.   ▸ S. 15

◎ **Salzburger Freilicht-museum** ▸ Familientipps, S. 33
11 km südwestl von Salzburg

◎ **Schloss Hellbrunn** 👫 📖 E 2

Das von Fürsterzbischof Markus Sittikus erdachte Schloss Hellbrunn, das mit einem herrlichen Park aufwartet, wurde Anfang des 17. Jh. von Hofbaumeister Santino Solari erbaut. Die weitläufigen Parkanlagen, viele kulturelle Ereignisse und die Wasserspiele machen Hellbrunn zu einem unvergesslichen Erlebnis.
Fürstenweg 37 • Tel. 06 62/82 03 72-0 • www.hellbrunn.at • April, Okt. tgl. 9–16.30, Mai, Juni, Sept. 9–17.30, Juli, Aug. 9–18 Uhr • Eintritt 12,50 €, Kinder 5,50 €
5 km südl. von Salzburg

◎ **Schloss Kleßheim** 📖 D 2

📷 **FotoTipp**

HOCH ÜBER DER MOZARTSTADT

Von der Bergstation der Untersbergseilbahn eröffnet sich der wahrscheinlich beste und am weitesten reichende Blick auf Salzburg, Richtung Hohe Tauern im Süden, den Chiemgau im Westen und weit hinein ins Salzkammergut.   ▸ S. 54

Ein erzbischöfliches Lustschloss war Schloss Kleßheim einst. Johann Bernhard Fischer von Erlach erbaute es für Erzbischof Johann Ernst Graf Thun zwischen 1700 und 1709. Endgültig fertiggestellt wurde es 1732. Es ist für Besucher nur von außen zu besichtigen. Wer dennoch einen Blick von der Pracht der Innenräume erhaschen möchte, muss das Casino Salzburg besuchen, das im Schloss untergebracht ist.
Kleßheimer Str. 22 • Tel. 06 62/8 54 45 50 • www.salzburg.casinos.at
4 km nördl. von Salzburg

◎ **Untersberg** 📖 D 2

Der gewaltige Bergklotz des Untersbergs (1805 m) ist der nördlichste Ausläufer der Berchtesgadener Alpen auf der Grenze von Österreich und Deutschland. Er hat seit Jahrtausenden die Fantasie der Menschen angeregt und zur Bildung zahlreicher Legenden geführt. So ist Kaiser Karl der Große der Sage nach niemals gestorben, sondern mit seinen Getreuen tief im Inneren des Untersbergs eingeschlafen. Eine weitere Legende am Untersberg ist die Wilde Jagd, die mit der Tradition der Perchtenläufe zu tun hat. Jeden Winter findet die Wilde Jagd an geheimen Orten zu geheimen Zeiten statt, und dabei sind mystische und wilde Figuren vom Tod, dem Saurüssel, dem Bären, dem Riesen Abfalter bis zum Moosweiberl.

Wochenlang Schlagzeilen machte der Berg, als im Juni 2014 in einer spektakulären Rettungsaktion ein deutscher Höhlenforscher aus der rund 19 km langen Riesendinghöhle geholt wurde. Seitdem ist die Höhle für die Öffentlichkeit gesperrt.

Von St. Leonhard aus, einem Ortsteil von Grödig, schwebt die weithin sichtbare, 2850 m lange Untersbergseilbahn über das Rossittental hinauf zum 1806 m hohen Geiereck, dem östlichsten Gipfel des Untersbergmassivs. Das Panorama reicht von den Salzkammergutseen bis zum ewigen Eis der Hohen Tauern.
Ausgangspunkt St. Leonhard • Tel. 0 62 46/72 47 70 • www.untersberg

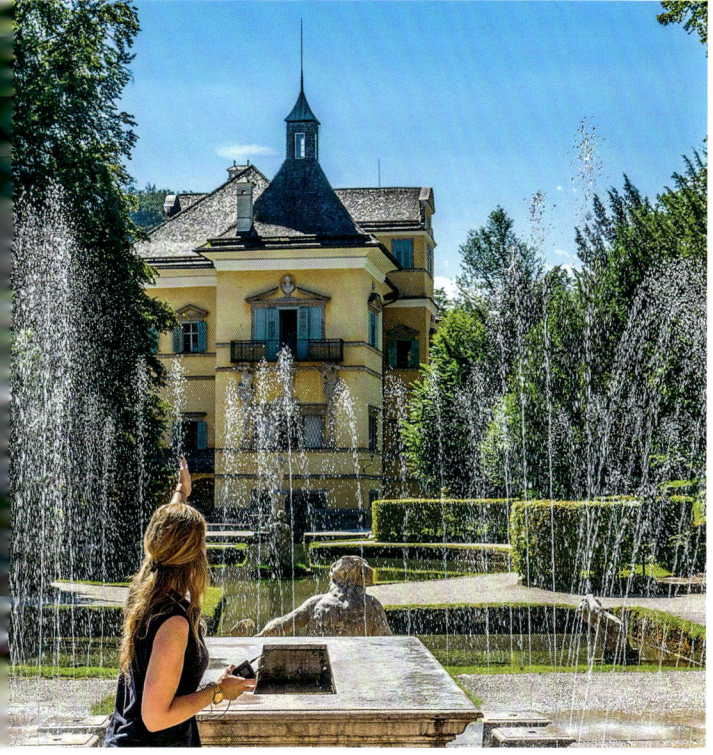

Die Fontänen im Schlosspark von Hellbrunn (▸ S. 54), 1613 angelegt, gelten als die weltweit besterhaltenen Wasserspiele der späten Renaissance.

bahn.at • die Seilbahn verkehrt halbstündlich Juli–Sept. 8.30–17.30, März–Juni und Okt. 9–17, Dez.–Feb. 9–16 Uhr, Nov.–Mitte Dez. kein Betrieb, 14 Tage im April wg. Revision geschl. • Berg- und Talfahrt 22 €, Kinder 11 €
10 km südl. von Salzburg

◎ Zoo Salzburg 👫   📖 E 2
Für Familienausflüge fast ein Muss ist der schön gelegene Zoo am Südrand der Stadt unweit von Schloss Hellbrunn. Auf dem rund 14 ha großen Gelände leben rund 1200 Tiere und insgesamt 120 Tierarten. Ein Höhepunkt ist zweifellos die Afrika-Savanne mit Antilopen, Breitmaulnashörnern und Perlhühnern. Es gibt außerdem Bären, Löwen, Nashörner und Schneeleoparden zu bestaunen. Anifer Landesstr. 1 • Tel. 06 62/8 20 17 60 • www.salzburg-zoo.at • Jan., Feb. tgl. 9–16.30, März 9–17.30, April, Mai 9–18, Juni–Aug. 9–18.30, Sept., Okt. 9–18, Nov., Dez. 9–16.30, Aug. Fr, Sa Nachtzoo bis 22.30 Uhr • Eintritt 11,50 €, Jugendliche 7,50 €, Kinder 5 €
5 km südl. von Salzburg

Seen und Salzkammergut

Die Bilderbuchlandschaft rund um Fuschlsee, Wallersee
und Wolfgangsee bezaubert seit vielen Generationen
Naturliebhaber und Romantiker.

◄ Die Salzburger Seen (▶ S. 57) sind eine beliebte Ferienregion.

Nah bei Salzburg und doch auf dem Land. Mit dieser Qualität lockt der Flachgau seine Besucher. Keine Berge, die den Blick versperren, dazu die Nähe zu Fuschlsee, Wolfgangsee, Wallersee, Mattsee und Obertrumer See sowie die Ruhe und Beschaulichkeit des sanft hügeligen Landes nördlich von Salzburg ziehen seit Jahren auch viel Prominenz an. Besonders angetan war Carl Zuckmayer von diesem Fleckchen Erde. »Wenn man mich damals gefragt hätte, wo das Paradies gelegen sei, so hätte ich ohne Zögern geantwortet: in Österreich, 16 Kilometer östlich von Salzburg an der Reichsstraße, dicht beim Wallersee.« Zwölf Jahre lang lebte der Schriftsteller am Wallersee in seinem Paradies. Und die Auswahl an kleinen und großen, berühmten und unbekannten Seen ist wirklich eindrucksvoll.

Fuschl am See   F 2

1450 Einwohner

Der malerische Ort am Fuschlsee zählt zu den beliebtesten Sommerbadeorten des Salzburger Landes. Dementsprechend ist er auch auf Gäste der unterschiedlichsten Couleur eingestellt: Vom Fünfsternehotel bis zu Ferien auf dem Bauernhof ist alles geboten. An Freizeitaktivitäten gibt es Wandern, Klettern, Baden, Inlineskating, Beachvolleyball, Fischen, eine Sommerrodelbahn und vieles mehr. Eine architektonische Sehenswürdigkeit ist die Firmenzentrale von Red Bull.

Infos: Fuschlsee Tourismus GmbH • Tel. 0 62 26/83 84 • www.fuschlseeregion.com

SEHENSWERTES

Rauchhaus »Mühlgrub«   E 2

Der Denkmalhof liegt auf dem Höhenrücken zwischen Hof und Thalgau. Er ist von Hof aus zu Fuß auf einem landschaftlich schönen Weg in etwa einer halben Stunde zu erreichen, von Thalgau auf einem Abkürzungsweg in etwa einer Stunde. Das Rauchhaus »Mühlgrub«, das bis 1983 bewohnt war, ist ein Beispiel für einen typischen Einhof mit ebenerdiger Mittertenne zwischen Wohn- und Stallteil.

Hof, Riedlstr. 14 • Juli–Okt. Fr ab 14 Uhr • Anmeldung im Tourismusverband Hof unter Tel. 0 62 29/22 49 • Eintritt 3 €, Kinder 1,50 €

ÜBERNACHTEN

Hotel Schloss Fuschl   E 2

Purer Luxus mit Historie • Die Gästeliste reicht von Rainier Fürst von Monaco über Richard Nixon bis hin zu Nikita Chruschtschow oder Billy Wilder. Zur Festspielzeit, so heißt es, verteilen die Stammgäste schon mal ihre Lieblingssuiten untereinander. Neben der weltberühmten Sisi-Suite erstrahlen sechs weitere exklusive Suiten des Schlossturms in frischem Glanz. Höhepunkt ist die wertvolle Gemäldesammlung Alter Meister namens »Fuschl Collection«. Eine besondere Attraktion sind auch die

Der fahr(T)raum am Mattsee (▶ MERIAN Tipp, S. 15) ist ein besonderes Museum. Hier kann der Besucher nicht nur Oldtimer bestaunen – Anfassen ist erwünscht!

Ausfahrten mit Oldtimern aus der hoteleigenen Kollektion. Und im Winter gibt es im Schloss einen bezaubernden Adventsmarkt. Abseits des Schlosses gibt es am Ufer noch die romantischen Seehäusl.
Hof bei Salzburg • Tel. 0 62 29/22 53-0 • www.schlossfuschlsalzburg.com • 110 Zimmer • 🏇 • €€€€

ESSEN UND TRINKEN
Ebner's Waldhof
Feine Landküche • Das Ambiente des Restaurants im gleichnamigen Hotel ist geschmackvoll gediegen. Die bodenständige Küche verwendet vorwiegend Produkte aus der Region. 1996 wurde Küchenchef Alexander Ebner vom Restaurantführer Gault&Millau mit einer Haube ausgezeichnet.
Seestr. 30 • Tel. 0 62 26/82 64 • www.ebners-waldhof.at • tgl. 18.30–21 Uhr • €€€€

Brunnwirt
Feine Landküche • Ein schöner Platz zur Einkehr ist das Restaurant am Westrand der Ortschaft Fuschl direkt am Ufer des Fuschlsees. Das gilt vor allem für den Gastgarten mit bestem Blick auf den See und den Schober. Die Küche bietet klassisch Österreichisches mit Produkten aus der Region, hat aber auch deutliche internationale Akzente.
Wolfgangseestr. 11 • Tel. 0 62 26/82 36 • www.brunnwirt.at • Di–Sa ab 18 Uhr • €€

Henndorf am Wallersee ▥ E1
4960 Einwohner
Viel Natur, Kultur und ungetrübten Badespaß verspricht der kleine Ort am Wallersee, dem wärmsten See im Salzburger Seenland. Er ist mit einem beheizten Freischwimm- und Babybecken sowie einem Beachvolleyballplatz ausgestattet.

Seit Jahren wandelt Henndorf intensiv auf Carl Zuckmayers Spuren. Von 1926 bis 1938 lebte der Dramatiker hier in der Wiesmühle. In dieser Zeit entstanden viele seiner berühmten Werke, wie zum Beispiel »Der Hauptmann von Köpenick«.
Zuckmayers Privatbesitz kann im Rahmen einer Führung besichtigt werden (Voranmeldung im Tourismusbüro). In Henndorf lebte auch ein weiterer prominenter Zeitgenosse: Der Schriftsteller Thomas Bernhard verbrachte hier einen Teil seiner Kindheit.
Info: Tourismusverband Henndorf am Wallersee, Hauptstr. 65 • Tel. 0 62 14/ 60 11 • www.salzburger-seenland.at

SEHENSWERTES
Gut Aiderbichl
▶ Familientipps, S. 33

Hintersee   E 2
Der kleine romantische Bergsee in einem Seitental unweit des Fuschlsees ist ein Geheimtipp für Naturliebhaber. Rund um den See führt ein 5 km langer Rundwanderweg. Im Sommer ist der See mit seinem Strandbad ein beliebtes Ziel für Badegäste. Ein ungewöhnliches Naturschauspiel bietet die Eiskapelle, die man auf einem Wanderweg entlang des Griesbachs erreicht und die auch im Sommer voller Schnee und eisig kalt sein kann.

SEHENSWERTES
Puppenstubenmuseum
In dem alten Haus, in dem einst der Textdichter des Stille-Nacht-Liedes Joseph Mohr gelebt hatte, befindet sich ein nostalgisches Puppenstubenmuseum. Puppenstuben waren früher bevorzugte Spielzeuge für Töchter aus gutem Haus, die derart auf die Hausarbeit eingestimmt wurden. Das Haus befindet sich direkt neben dem Gasthof Hintersee in der gleichnamigen Ortschaft und beherbergt 45 Puppenstuben mit insgesamt rund 40 000 Exponaten.
Hintersee 4 • Tel. 0 62 24/8 90 00 • www.hintersee.at/puppenmuseum-salzburgerland.de.html • Mi–So 12–17 Uhr, April, Nov. geschl. • Eintritt 3,50 €, Kinder 2,30 €

Mattsee   E 1
3080 Einwohner
Die drei Gemeinden Mattsee, Obertrum am See und Seeham sind die eher städtisch geprägten Zentren im Trumer Seenland. Mattsee, der größte dieser Orte, liegt auf einer Halbinsel, die östlich vom Mattsee und westlich vom Obertrumer See begrenzt ist. Wassersport wird in Mattsee ganz großgeschrieben: Segelschule, Bootsverleih, Strandbad – es ist alles vorhanden, was des Besuchers Herz begehrt.

MERIAN Tipp

FAHR(T)RAUM   E 1
Ein Technikmuseum auf den Spuren von Ferdinand Porsche. Auf 250 m^2 geht es u. a. um das Schaffen des berühmten Konstrukteurs und die Mechanisierung verschiedener Lebensbereiche.   ▶ S. 15

Michaelbeuern   D 1
1200 Einwohner
Michaelbeuern ist eine Mustergemeinde im Rahmen des Projektes »Dorferneuerung« der Salzburger Landesregierung. Die Hauptattrak-

tion des Ortes ist das Benediktiner-kloster aus dem 8. Jh. Der romani-sche Urbau der Stiftskirche zum hl. Michael wurde im Jahr 1072 ge-weiht. Sehenswert ist der Hochaltar (1691/1692) mit Skulpturen von Meinrad Guggenbichler und Gemäl-den von Johann Michael Rottmayer.

MUSEEN
Stiftsmuseum

Das Stiftsmuseum im Kreuzgang und im Refektorium des Benedikti-nerklosters Michaelbeuern beher-bergt eine große Sammlung von Fi-guren und Gemälden, u. a. Werke von Paul Troger.
Benediktinerstift Michaelbeuern • www.abtei-michaelbeuern.at • Mitte April–Ende Okt. Klosterführung jeweils Sa, So 14 Uhr, Besichtigung der Sonderausstellung jeweils So 15–16 Uhr

⭐ MERIAN Tipp

MOZART-RADWEG
Auf 16 meist kurze Etappen verteilen sich die Routen des Radwegs, der rund um Salzburg durch das Salzbur-ger Seenland und hinüber nach Bay-ern seine Kreise zieht.   ▶ S. 15

Oberndorf   📖 D 1
5700 Einwohner
Oberndorf am rechten Ufer der Sal-zach wurde von 1900 bis 1906 neu angelegt, um es vor Hochwasser zu schützen. In Altoberndorf erinnert die Stille-Nacht-Kapelle, die 1937 an der Stelle der Pfarrkirche errichtet wurde (tgl. 8–18 Uhr), an die Ge-burtsstunde des Weihnachtslieds »Stille Nacht, heilige Nacht«.

SEHENSWERTES
Salzachbrücke

Eine echte Sehenswürdigkeit ist die im Jugendstil von 1902 bis 1903 er-baute Brücke über die Salzach, die die beiden Nachbarorte Oberndorf und das bayerische Laufen verbin-det. Zahlreiche künstlerische Details schmücken die Brücke, die vor ein paar Jahren renoviert wurde und unter Denkmalschutz steht.

Wallfahrtskirche Maria Bühel

Die am nordwestlichen Rand von Oberndorf gelegene Wallfahrtskir-che im barocken Stil stammt aus dem 17. Jh. und hat viel mit der Salz-ach zu tun: Das Gotteshaus wurde Ziel vieler Wallfahrten zum Dank unfallfreier Schifffahrten. Eine At-traktion ist das Gnadenbild des itali-enischen Malers Antonio Beduzzi im Hochaltar.

MUSEEN
Stille-Nacht-Museum 👫

Rund 4 km nördlich von Oberndorf in der Ortschaft Arnsdorf befindet sich das älteste Schulhaus Öster-reichs, in dem noch unterrichtet wird. Hier lebte einst der Komponist und Lehrer Franz Xaver Gruber. Hier schrieb er 1818 die Melodie für das berühmte Weihnachtslied »Stille Nacht, heilige Nacht«. Seine Woh-nung, die noch mit altem Hausrat, Mobiliar und Originalhandschriften aufwartet, ist nach vorheriger An-meldung bei Ottilie Aigner (Tel. 0 62 74/74 53, Mail: f.x.gruber-museum. arnsdorf@aon.at) zu besichtigen. Arnsdorf, altes Schulhaus neben der Wallfahrtskirche Maria am Mösl • stillenacht-oberndorf.com • Do–So 10–18 Uhr, Juli, Aug. tgl. 10–18 Uhr • Ein-tritt 4,50 €, Kinder 3 €

St. Gilgen   F 2

3700 Einwohner

Dieses Mozartdorf liegt am Nordwestende des Wolfgangsees. Mozarts Mutter wurde im Bezirksgerichtsgebäude am See geboren, und seine Schwester Nannerl wurde hier mit dem Richter Sonnenburg verheiratet. Erstmals erwähnt wurde St. Gilgen im Jahr 790. Lange Zeit stand es unter der Herrschaft der Salzburger Fürsterzbischöfe, erst 1816 kam es zu Österreich. Heute ist der Ort eine führende Fremdenverkehrsgemeinde sowie Ausgangspunkt für zahlreiche Exkursionen, wie zum Beispiel eine Fahrt mit der Seilbahn auf das Zwölferhorn (1522 m).

SEHENSWERTES

Arboretum am Wolfgangsee

Diese Walderfahrungswelt bietet auf einem Hektar Fläche Begegnungen mit mehr als 60 Baum- und Straucharten, dazu interessante Informationen über Ökosysteme im Wald und die Tier- und Pflanzenarten, die im Wald zu Hause sind. Mit einem Moortümpel mit Steg und einer Tour in 6 m Höhe bei den Baumwipfeln ist für reichlich Abwechslung gesorgt. Das Arboretum befindet sich in Abersee südöstlich von St. Gilgen nahe der Bundesstraße.

Ganzjährig geöffnet • Eintritt frei

Zwölferhorn

Gut 60 Jahre alt ist die Seilbahn, die von St. Gilgen hinauf auf den Hausberg Zwölferhorn führt. Und sie hat sich optisch kaum verändert, weshalb sie nun als Nostalgiebahn beworben wird. Entsprechend gemütlich geht es hinauf bis zur Bergstation auf 1476 m Höhe, wo ein perfekter Ausblick auf den Wolfgangsee war-

tet. Wie bei solchen Aussichtsbergen üblich, warten oben auch gastronomische Angebote. Es gibt neben diversen Rundwanderwegen die Naturkuchl in der Bergstation und gleich daneben Franzl's Hütte. Im Winter hat das Zwölferhorn auch ein kleines Skigebiet.

www.12erhorn.at • Berg- und Talfahrt 24,50 €, Kinder 15 €

Das Stille-Nacht-Museum in Arnsdorf (▶ S. 60) zeigt historische Preziosen.

ESSEN UND TRINKEN

Gasthof & Hotel Fürberg

Am See • Ein schön gelegener Traditionsgasthof am Rande von St. Gilgen. Das nostalgische Haupthaus mit dem großen Gastgarten und das Gästehaus befinden sich in einer Bucht direkt am See. Ein klassischer Familienbetrieb: Frau Karin Ebner ist die Küchenchefin und der Gatte ist der Fischermeister, der am Wolfgangsee für den Nachschub sorgt.

Perfekter Blick von den Zimmern und Suiten auf den Wolfgangsee. Winkl 19 • Tel. 0 62 27/2 38 50 • www.fuerberg.com • tgl. 11.30–14 und 17.30–21 Uhr • €€

Landgasthof Batzenhäusl

Traditionslokal • Der stilvolle Landgasthof befindet sich an der Straße von St. Gilgen Richtung Mondsee. Das Lokal besitzt eine klassische Gaststube, einen gemütlichen Gastgarten und fünf Doppelzimmer. Die Küche präsentiert sich betont österreichisch mit internationalen Abstechern und setzt vor allem auf regionale Zulieferer. Winkl 10 • Tel. 0 62 27/23 56 • www.batzenhaeusl.com • Mo, Di, Fr, Sa 15–21.30, So 11.30–21.30 Uhr • €€

Wirt am Gries

Regionale Küche • Ein klassisches, bodenständiges Gasthaus mitten in St. Gilgen mit regionaler, saisonaler Küche, bei der fangfrischer Fisch aus dem Wolfgangsee natürlich eine Hauptrolle spielt. Steinklueftstr. 6 • Tel. 0 62 27/23 86 • www.wirtamgries.at • Mi–So 11.30–14, 17.30–21 Uhr • €€

St. Wolfgang am Wolfgangsee   F 2

2800 Einwohner
Verwaltungstechnisch gehört die Ortschaft St. Wolfgang im Salzkammergut zu Oberösterreich, was jenseits der Grenzen dieses Reiseführers liegt. Ein Ausflug dorthin ist aber eigentlich ein Muss.

Die zweifelsohne schönste Anfahrt nach St. Wolfgang erlebt der Besucher per Schiff von St. Gilgen (www.schafbergbahn.at, Mai–Okt., Tageskarte 20 €, Kinder 10 €, Familientageskarte 45,50 €). Das Schiff legt in unmittelbarer Nähe des legendären

Vom Gipfelbahnhof der Schafbergbahn (▸ S. 63) öffnet sich ein spektakulärer Blick auf den Wolfgangsee (▸ S. 62) und zum Dachsteinmassiv.

»Weißen Rössl« an, das durch die Operette »Im Weißen Rössl« 1930 zu Weltruhm gelangte. Ein Spaziergang durch die romantischen Gassen führt vorbei an der 800 Jahre alten Wallfahrtskirche mit dem berühmten gotischen Hochaltar von Michael Pacher. Der Südtiroler Maler und Schnitzer schuf das Werk zwischen 1471 und 1481. Ein schöner Ausflugstipp: Mit der Zahnradbahn (www.schafbergbahn.at, von Mai bis Okt., Berg- und Talfahrt 35 €, Kinder 17,50 €) auf den Schafberg (1783 m). Bei gutem Wetter kann man einen Rundblick auf die Seen und Berge des Salzkammerguts genießen. www.wolfgangsee.at

Thalgau   E 1/2

5600 Einwohner

Für die meisten Besucher des Salzkammerguts ist Thalgau nur ein Durchgangsort auf dem Weg Richtung Fuschlsee oder Wolfgangsee. Der auf den ersten Blick unscheinbare Ort hat aber einiges zu bieten.

SEHENSWERTES

Ruine Wartenfels   E 2

Unterhalb des Schobergipfels steht diese geschichtsträchtige Burgruine, die Mitte des 13. Jh. erbaut und während der Bauernkriege im 16. Jh. durch einen Brand weitgehend zerstört wurde. Ein Teil wurde vor über 30 Jahren mit alten Mauerresten renoviert. Angeblich soll sich hier auch der Arzt und Philosoph Paracelsus aufgehalten haben.

MUSEEN

Feuerwehrmuseum

Schon im Jahr 1878 wurde hier eine Feuerwehr gegründet, und damals war sie eine der ersten im Salzburger Land. Deshalb passt es ganz gut, dass im Dachboden des Feuerwehrhauses ein Museum eingerichtet ist, das eindrucksvoll dokumentiert, wie früher die Brandbekämpfung vonstattenging und welche Hilfsmittel die Leute hatten. Früher war Feuer wegen der vielen Holzhäuser in den Dörfern eine ernste Gefahr.

Besichtigung nach Terminvereinbarung beim Tourismusverband Thalgau unter Tel. 0 62 35/73 50

📷 FotoTipp

DER PERFEKTE SEEBLICK

Auf der Straße, die von Fuschl nach St. Gilgen führt, gibt es auf der rechten Straßenseite kurz vor und oberhalb der Ortschaft St. Gilgen einen Parkplatz, von dem aus sich ein perfekter Ausblick auf den Wolfgangsee in seiner ganzen Länge bietet.   ▶ S. 62

Hundsmarktmühle 👫

Die alte Mühle aus dem 16. Jh. steht nicht weit entfernt vom Fuschlsee und gehört der Gemeinde Thalgau, die sie restauriert hat. Heute ist die Mühle ein beliebter Veranstaltungsort und auch ein entsprechend gefragtes Ausflugsziel. Das Museum bietet eine Ausstellung zum Thema »Vom Korn zum Brot« mit einer Marmor-Kugelmühle, einem Mostkeller und einer Backstube. Dazu gibt es regelmäßige Sonderausstellungen. Außerdem werden hier gerne Hochzeiten gefeiert; man kann die Mühle privat mieten.

Seestr. 20 • Tel. 0 62 35/ 64 17 • www.diehundsmarktmuehle.at • Mai–Okt. So, Mi 14–17 Uhr • Sonderführungen möglich • Eintritt frei

Tennengau

Die Region hat zwei Gesichter: hier das flache Land südlich von Salzburg, dort die steilen Gipfel zwischen Lammertal und Dachstein. Und es gibt jede Menge zu entdecken.

◄ Nur mutige Kajakfahrer wagen sich in die Fluten der Lammerklamm (▶ S. 71). Zusehen von oben ist sicherer.

Eigentlich müsste der Tennengau Salzgau heißen. Denn das Salz, jenes der Salzach, das dem »Hausfluss« des Gaus wie dem gesamten Salzburger Land seinen Namen gab, kommt seit nun viereinhalb Jahrtausenden aus dem Tennengau. Hallein ist der größte Ort in der Region. »Nomen est omen«, denn die Griechen sagten zum Salz »Hal«.

Die Salzburger Fürstbischöfe nannten diesen Bezirk Tennengau, nachdem er 1896 selbstständig geworden war. Pate stand das Tennengebirge, das die Gegend mit seinen über 2300 m hohen Bergen nach Süden hin vom Pongau abriegelt. Heute ist der Tennengau hauptsächlich eine Wanderlandschaft, die viele Besucher anzieht. Schöne Wege führen zur Salzach- und Lammerklamm oder zum Salzbergwerk in Bad Dürrnberg bei Hallein. Weitere Höhepunkte sind der Dachstein-Gletscher und der Gollinger Wasserfall.

Wassermühlen gehören zum Tennengau ebenso wie die unzähligen Bäche, an denen sie einst zu Hunderten gestanden haben. Die Mühlen sind nahezu alle verschwunden, bis auf wenige Ausnahmen: etwa in St. Koloman, Kuchl, Golling und Abtenau, in Annaberg im Rauenbachtal und die Winklermühle in Scheffau am Schwarzenbach.

Viele Urlauber kommen wegen der Gegensätze zwischen den touristisch gut erschlossenen Tälern und den urwüchsigen Gebirgsgegenden, dem Skifahrerparadies im Winter sowie dem Aktivwander- und Mountainbike-Mekka im Sommer.

Hallein 📖 E 2
20 000 Einwohner

Der historische Kern der Salinenstadt steht unter Denkmalschutz. Wie schon vor 400 Jahren zieren sie schmucke Bürgerhäuser in bunten Farben, liebevoll restauriert mit barocken Motiven und Sinnsprüchen, Torbögen, Gassen und einer Fußgängerzone mit Pflastersteinen.

Auf dem Weg durch die krummen Gässchen kommt man unweigerlich auch an der Stadtpfarrkirche vorbei, wo ein einziges Grab auf dem Platz neben der Kirche steht. Hier wurde 1863 Franz Xaver Gruber bestattet, der Komponist des Weihnachtsliedes »Stille Nacht, heilige Nacht«.

Den Ruhm der Bezirkshauptstadt des Tennengaus macht aber das Schaubergwerk im Ortsteil Bad Dürrnberg aus, das viele Aktivitäten für die ganze Familie bietet.

SEHENSWERTES

⭐ **Salzwelten Hallein/ Bad Dürrnberg** 👫 📖 E 3

1989 wurde das Salzbergwerk stillgelegt, was dem Schaubergwerk Halleins allerdings keinen Abbruch tat: Jenes blieb offen und nimmt jährlich mehr als 200 000 Besucher auf. In eine weiße Überbekleidung eingepackt, fährt man mit der Grubenbahn ein und gleitet auf zwei Holz-

rutschen in die Tiefe, um den beleuchteten Salzsee zu bewundern. Im rekonstruierten Keltendorf kann man eine Zeitreise in das Leben vor 2500 Jahren machen. Ein Höhepunkt ist die Grabkammer eines keltischen Fürsten.
Bad Dürrnberg, Ramsaustr. 3 • www. salzwelten.at • April–Nov. tgl. 9–17, Dez.–März tgl. 10–17 Uhr, Jan. 3 Wochen Revision • Eintritt 21 €, Kinder ab 4 Jahre 10,50 € • Kinder unter 4 Jahre dürfen nicht einfahren

MUSEEN

Keltenmuseum

Eines der größten Keltenmuseen Europas ist im ehemaligen Salinenverwaltungsgebäude untergebracht. Es zeigt Funde aus den Keltengräbern auf dem Dürrnberg, Ausgrabungen, Werkzeuge und Ausrüstung der frühgeschichtlichen Bergleute.
Pflegerplatz 5 • www.keltenmuseum. at • tgl. 9–17 Uhr • Eintritt 7,50 €, Kinder 2,50 €

Stille-Nacht-Museum 👫

Der Stadtpfarrer und Organist Franz Xaver Gruber, der 1818 in Oberndorf das Weihnachtslied »Stille Nacht, heilige Nacht« komponiert hat, wirkte von 1835 bis zu seinem Tod 1863 in der Salzstadt. Sein Haus ist heute ein Museum.
Gruberplatz 1 • www.stillenacht hallein.at • Fr–So 15–18, Juni–Aug. tgl. 15–18, Advent–Hl. Drei Könige tgl. 12–18 Uhr • Eintritt 2 €, Kinder ab 7 Jahren 0,70 € • Wiedereröffnung voraussichtlich Sept. 2018

ÜBERNACHTEN

Schloss Haunsperg

Klassisches Schlosshotel • So edel wie die Zufahrt ist das Ambiente dieses Schlosshotels, dessen Ursprünge auf das 14. Jh. zurückgehen. Das Anwesen der Familie von Gernerth Mautner Markhof liegt etwas abseits in Oberalm bei Hallein. Die Zimmer und Apartments sind klassisch eingerichtet. Zum Schloss gehören auch eine Barockkapelle, ein Park und ein Tennisplatz.
Oberalm bei Hallein, Hammerstr. 51 • Tel. 0 62 45/8 06 62 • www.schloss haunsperg.com • 8 Zimmer/Apartments • €€€

ESSEN UND TRINKEN

Hofbräu Kaltenhausen

Traditionsbrauerei • Das Salzburger Land ist ein Bierland. Dafür steht auch der Hofbräu in Kaltenhausen außerhalb von Hallein direkt an der Salzburgerstraße. Beim Hofbräu wird nicht nur traditionell gebraut – das Haus geht bis auf das 15. Jh. zurück –, hier entstehen auch kreative Biersorten wie etwa Coffee Style, Chocolate Style oder Riesling Style. Diese Sorten glänzen mit überdurchschnittlich hohem Alkoholanteil. Es werden auch Führungen und Seminare zum Thema Bier angeboten. Zur Brauerei gehört ein Gasthof, der, wie soll es auch anders sein, mit einer gut sortierten Bierkarte ausgestattet ist.
Salzburger Str. 67 • Tel. 0 62 45/ 8 02 33, Anmeldung für Führungen unter Tel. 0 62 45/7 95 52 67 • www. kaltenhausen.at • tgl. 9–24 Uhr • €€

Ziele in der Umgebung

◎ Abtenau F3

5700 Einwohner

Abtenau ist der meistbesuchte Fremdenverkehrsort im Tennengau mit einer hohen Zahl an Übernachtungsmöglichkeiten. Sport wird hier

Eine Reise in die Urgeschichte Salzburgs ist der Besuch des Keltenmuseums in Hallein (▶ S. 66). Hier die Nachbildung eines keltischen Streitwagengespanns.

ganz großgeschrieben: Extremkletterer Georg Bachler gründete seinen Club Alpin, Abfahrtsweltmeister David Zwilling sein Zwilling Resort. In diesen Sportschulen wird Drachen- und Gleitschirmfliegen, Kajakfahren und Klettern gelehrt, Riverraften auf der Lammer (▶ S. 71) und abenteuerliche Schlauchboottouren nicht zu vergessen. Über eine Mautstraße (Pkw 4 Pers. 10 €, Motorrad 5 €) gelangt man zur Postalm, dem zweitgrößten Hochplateau Europas – ein Landschaftsschutzgebiet. 32 km südöstl. von Hallein

ÜBERNACHTEN
Moisl

Genuss- und Vitalhotel • Das erste Haus am Ort verfügt über Tennisplätze und Schwimmbad, Fitness- und Wellnessangebot.
Markt 26 • Tel. 0 62 43/2 23 20 • www.hotelmoisl.at • 75 Zimmer • 🐾 • €€€€

ESSEN UND TRINKEN
🌿 **Langfeldhütte**   📖 F 3

Almluft • Dass Bio nichts Neues ist, beweist die Langfeldhütte auf der Loseggalm im Lammertal. Auf der

Das Winterstellgut (▶ MERIAN Tipp, S. 16) in der Nähe von Abtenau wurde zu einem Hotelrestaurant mit allen Annehmlichkeiten und exzellenter Küche umgebaut.

urigen Alm mit Viehhaltung und Almsennerei werden auf 1460 m Höhe sechs verschiedene Käsesorten, Butter und Topfen produziert. Der Speck wird selbst geräuchert, und auch der Schnaps ist Marke Eigenbau. Es gibt zudem recht spartanische Übernachtungsmöglichkeiten im Matratzenlager.
Annaberg • Tel. 06 64/9 57 61 57 • www.loseggalm.at • Mitte Juni– Ende Sept. • €

 **MERIAN Tipp**

WINTERSTELLGUT   ▦ F 3
Früher wurden hier Pferde über den Winter einquartiert. Heute ist der Bergbauernhof nach der Übernahme und dem Ausbau durch den Red-Bull-Gründer Dietrich Mateschitz ein edles Berggasthaus mit Traumpanorama und gediegenem Ambiente.   ▶ S. 16

AKTIVITÄTEN
Erlebnisbad Abtenau
Nach der Wanderung oder der Biketour oder morgens zum Auffrischen ist das Erlebnisbad in Abtenau eine reizvolle Option. Nicht nur wegen der schönen Aussicht auf die Berggipfel, sondern auch wegen des vielseitigen Freizeitangebots. Hier stehen Sport- und Erlebnisbecken, Speedrutsche oder Beachvolleyball, Schaukelgrotte, Slackline und Tischtennis zur Auswahl. Mit der SalzburgerLand Card ist der Eintritt in das Erlebnisbad frei.
Kehlhof 100 • www.freibad-abtenau. jimdo.com • Mai–Sept. 9–19 Uhr • Tageskarte 5,70 €, Kinder 3,50 €

◉ Adnet   ▦ E 2
3500 Einwohner
Wissbegierige erfahren hier mehr über Marmor als irgendwo sonst, denn in Adnet dreht sich alles um

dieses Naturprodukt. Ein Teil der Bürgersteige und Straßen ist mit dem rötlichen Stein gepflastert, der auf dem dicht bewaldeten Guggenhügel mit einer Seilsäge aus den Hängen geschnitten wird. Schon die Römer haben den Marmor aus Adnet für Mosaikfußböden verwendet. Mehr zu sehen gibt es in einem kleinen Marmormuseum der örtlichen Raiffeisenkasse (Führungen durchs Museum nach Absprache) und entlang des Marmorlehrpfads.

4,5 km nordöstl. von Hallein

ÜBERNACHTEN
Halleinerhaus

Zünftig mit Niveau • Das Halleinerhaus ist eine gemütliche, voll bewirtschaftete Berghütte mit Zwei-, Drei- und Vierbettzimmern sowie einem Lager mit elf Betten und acht Zusatzbetten. Es befindet sich in einem sonnigen Almgebiet auf 1150 m in bester Aussichtslage. Mit dem Auto direkt und mautfrei erreichbar.

Spumberg 55 • Tel. 06 64/6 14 55 35 • www.halleinerhaus.at • 40 Betten • 🐾 • €€

EINKAUFEN
🌿 **Dorfkäserei Pötzelsberger**

Der Familienbetrieb in Adnet zählt mittlerweile zu den bekanntesten Käsereien im Salzburger Land. Neben Klassikern wie Bergkäse, Emmentaler oder Schafskäse bekommt man hier auch Spezialitäten wie Magdalenenkäse oder Rauchkuchl-Kas. Außerdem verkauft die Dorfkäserei Pötzelsberger Speck und hausgemachte Würste.

Waidach 27 • Tel. 0 62 45/8 32 28 • www.biokas.at • Di, Do 8–12, Mi 8–12, 15–18, Fr 8–18, Sa 7–11 Uhr, Mo geschl.

◎ **Bad Vigaun**   📙 E 3
2200 Einwohner

Der kleine Kurort hat sich dank der wachsenden Nachfrage im Bereich Gesundheitstourismus gut entwickelt. Das liegt vor allem an dem Medizinischen Zentrum mit Heiltherme und Privatklinik.

3,5 km südöstl. von Hallein

EINKAUFEN
Englhartgut

Der Gutshof der Familie Egger in Bad Vigaun hat für Genussmenschen viel zu bieten. Da gibt es etwa die Kramerey, einen Feinkostladen mit hausgemachten und regionalen Spezialitäten, und im Kochstudio werden Kochkurse angeboten. Das renovierte und edel ausgestattete Bauerngut ist auch Schauplatz von Seminaren und beliebter Platz für Hochzeitsfeiern.

Landstr. 34 • Tel. 0 62 45/7 02 82 • www.englhartgut.at •

AKTIVITÄTEN
Heiltherme Bad Vigaun

Viel Naturstein, Holz und große Glasflächen dominieren die Thermenlandschaft in der Heiltherme. Das Thermalwasser hat eine Temperatur, die zwischen angenehmen 28 und 32 Grad liegt, kommt von der St. Barbara-Quelle und soll bei verschiedenen Beschwerden, unter anderem bei Entzündungen der Gelenke, Wirbelsäule und der Muskeln, Bänder und Gefäße helfen. Zusätzlich zu der Thermenlandschaft gibt es eine Saunalandschaft und ein Beauty Center.

Karl-Rödhammer-Weg 91 • Tel. 0 62 45/89 99-6 46 • www.badvigaun. com • Mo–Fr 10–22, Sa, So 10– 21 Uhr • Tageskarte 24 €

◎ Golling ﹟ ⅋   📖 E 3

3850 Einwohner

Wahrzeichen des kleinen Ortes an der Salzach ist die Burg Golling, deren Kern auf eine Mittelalterburg zurückgeht und die zentral mitten im Ort auf einer Felsanhöhe emporragt. Golling war schon in früheren Zeiten ein wichtiger Ort an der Straße über den Pass Lueg. Daran erinnert noch die breite Marktstraße, die von stattlichen Gasthäusern, verziert mit Ornamenten und Rundbögen, gesäumt wird. Der Ort am Fuße der Alpen ist auch Ausgangspunkt für Wanderungen und leichte Hügelwege in das Erholungsgebiet Bluntautal sowie zum Gollinger Wasserfall bei St. Nikolaus/Torren. Der Wasserfall wurde 1805 öffentlich zugänglich gemacht. In rund 45 Gehminuten ist dieses Naturspektakel zu erreichen.

13 km südl. von Hallein

SEHENSWERTES

Wasserfall Golling

Stolze 75 m rauscht hier das Wasser in zwei Fallstufen in die Tiefe. Der Gollinger Wasserfall gehört zu den spektakulärsten seiner Art im Salzburger Land. Der Wasserfall befindet sich im Ortsteil Torren. Dazu fährt man von Golling auf der Wasserfallstraße westwärts, passiert die Tauernautobahn und kommt bald zum Gasthof und zum Wasserfall. Einkehren kann man im nahen Gasthof Abfalter in der Wasserfallstraße (www.abfalter.info).

Mai–Okt. • Eintritt 3 €, Kinder 1,50 €

MUSEEN

Museum Burg Golling

Die Fossiliensammlung »Saurier & Co.« zeigt einen versteinerten, 235 Millionen Jahre alten Meeressaurier. Außerdem gibt es hier Knochen von Höhlenbären und -löwen,

Ganz in der Nähe des eindrucksvollen Gollinger Wasserfalls (▸ S. 70) befindet sich eine alte Mühle, die ein sehr gefragtes Fotomotiv ist.

Römerfunde und sogar eine Folter-
kammer zu sehen.
Burg Golling • www.golling.info • Mai,
Juni, Okt. Do–So 10–12, 13–17, Juli–
Sept. 13–17 Uhr • Eintritt 5 €, Kinder 2 €

ÜBERNACHTEN
Hauslwirt
Gemütlich • Wer Tradition kombiniert mit modernem Komfort liebt,
ist in den alten Gemäuern gut aufgehoben. Empfehlenswerte Küche.
Marktplatz 13 • Tel. 0 62 44/42 29 •
www.hauslwirt.at • 35 Zimmer •
🐾 • €€

ESSEN UND TRINKEN
Genießerhotel Döllerer
Spitzengastronomie • Hinter historischen Mauern verbirgt sich die
vielseitige Genusswelt des Spitzen-
kochs Andreas Döllerer mit Gourmetrestaurant, Wirtshaus, Metzgerei, Weinhandlung und Hotel.
Am Marktplatz 56 • Tel. 0 62 44/
4 22 00 • www.doellerer.at • Do, Fr
18–21.30, Sa 12–21.30 Uhr • €€€€

Gasthaus Adler
Erstklassige Adresse • Der Wirt und
Küchenchef Wilfried Galler bietet
eine Mischung aus klassischer regionaler und kreativer Küche an, die
vom Schnitzel und Backhendl bis
zum Couscous reicht. Es gibt güns-
tige Lunchmenüs und als spezielle
Offerte gut gefüllte Picknickkörbe
für zwei, inklusive Getränke.
Am Marktplatz 8 • Tel. 0 62 44/
47 95 • www.adler-golling.com • So
abends und Mo geschl. • €€

EINKAUFEN
Fürstenhof
Der bekannte Biobauer zwischen
Golling und Kuchl verkauft nicht
nur hausgemachten Käse, sondern
auch zahlreiche andere Bioprodukte.
Kuchl, Kellau 15 • www.fuerstenhof.
co.at • Mo–Sa 9–17 Uhr

SERVICE
AUSKUNFT
Gästeservice Tennengau
Tennengau-Salzachtal • Tel. 0 62 45/
7 00 50 • www.tennengau.com

◎ **Lammerklamm** 👫 📖 E 3
Von Golling Richtung Osten nach
Scheffau gelangen Sie durch das
Lammertal zu einem Naturdenkmal,
das es in sich hat: die Lammerklamm. Durch die 2 km lange und
60 m tiefe Schlucht führen Stege
entlang der teilweise überhängenden
Felswände. Seit 1932 ist der Durch-
bruch der Lammer erschlossen und
lockt jährlich 38 000 Besucher an.
Mai–Okt. tgl. 9–19 Uhr • Eintritt
4,50 €, Kinder 2,50 €
18 km südöstl. von Hallein

◎ **Lammertal** 📖 E/F 3/4
Das Lammertal bietet dem Besucher nicht nur die Lammerklamm
(▸ S. 71), sondern ist auch so etwas
wie das Mekka der Outdoor-Freaks.
Bäuchlings geht es auf dem Hydro-
speed durch tosende Stromschnel-
len, eingepackt in Neoprenkleidung
und mit Helm, Schwimmweste und
Flossen sicher ausgerüstet – das ulti-
mative Wildwasserabenteuer, bei
dem man die geballte Kraft des Flus-
ses spürt. Kajak und Kanu bieten
Wildwassererlebnisse in ihrer
schönsten Form. Die Lammer und
die Seen in der Umgebung sorgen für
beste Voraussetzungen. Mehr unter
www.lammertal.info, www.o-c-t.com
und www.outdoor-unlimited.at.
54 km südl. von Hallein

Lungau und Pongau

Ein Abstecher in die romantischen Täler im Süden des Salzburger Landes mutet wie eine Entdeckungsreise auf den Spuren von Goldgräbern und Rittern an.

◀ Goldener Oktober im Pongau: die Georgskirche in Bischofshofen (▶ S. 81) vor der Kulisse des Tennengebirges.

Im **Lungau**, zwischen Radstädter Tauern und Katschberg, ist alles ein bisschen anders als im restlichen Salzburger Land. Ins sonnenreiche Hochtal fuhr schon seine Majestät der Kaiser »auf Sommerfrische«. Aufgrund seiner Höhenlage und des Beckencharakters herrscht hier Höhenklima. Das Becken ist windgeschützt, hat dadurch wenig Niederschläge und entsprechend viele Sonnenstunden.

Die südöstlichen Nachbarländer Steiermark und Kärnten haben den Lungau kulturell beeinflusst und seine Sonderstellung mitgeprägt. Beim Fronleichnamszug und während des Sommers marschiert noch der Riese Samson in Begleitung seiner beiden großkopfigen Zwerge durch die Straßen von acht Lungauer Orten (▶ S. 117). Hier trägt man wie einst Prangstangen als Wachstumssymbole (in Zedernhaus am 24. Juni, in Muhr am 29. Juni) und entfacht Osterfeuer in der Dunkelheit der Täler und Höhen. Am letzten Wochenende im August wird das Preberschießen veranstaltet: ein Wasserscheibenschießen, bei dem auf das Wasser gezielt wird, um die Scheibe an Land mithilfe des Aufpralls auf dem Wasser zu treffen.

Der **Pongau** erstreckt sich zwischen Werfen im Norden, dem Mandlingpass im Osten, dem Tauernkamm im Süden und Lend im Westen. Geologisch ist der Pongau ein breitsohliger Talabschnitt, durch dessen Mitte die Salzach fließt. Dazu gehören die Nebentäler mit der Gasteiner Ache und dem Großarlbach.

Durch das Gasteinertal führte schon sehr früh eine der Hauptrouten zur Überquerung des Alpenhauptkamms. Kupfervorkommen und Goldfunde machten den Pongau recht bald zum Siedlungsgebiet. Daneben wurden auch Silber, Blei, Nickel und Eisenerz gefunden. Die letzten Kupferbergwerke wurden erst 1977 stillgelegt. Im Mittelalter kam es im Gasteinertal zu einem regelrechten Goldrausch. Zu dieser Zeit nutzte man auch bereits die Heilquellen, die besonders seit Mitte des 19. Jh. internationale Prominenz ins Land lockten.

Der Pongau steht für eine ganze Reihe von Bräuchen und Riten, die sich bis heute erhalten haben. Bei den Perchtenläufen am 6. Januar wechseln sich die einzelnen Orte im Pongau turnusmäßig ab. Mit den bis zu 40 kg schweren Perchtenmasken sollen die bösen Mächte vertrieben und gute ins Land geholt werden. Mit den Perchtenläufen gehen die Raunächte zu Ende. Fruchtbarkeit und Segen für das kommende Jahr werden eingefordert.

Mauterndorf ▥ G 6
2400 Einwohner

Das Wahrzeichen des Ortes ist die Burg Mauterndorf, die über dem Eingang zum Taurachtal thront. Sie ist heute eine Begegnungsstätte für alle Kulturströmungen, die von Bund, Land und der Gemeinde unterstützt werden.

Einst war die Burganlage, die einem Märchenbuch entsprungen zu sein scheint, der Lieblingsaufenthaltsort von Erzbischof Leonhard von Keutschach. Sie wurde 1253 zum Schutze des Tales und des Ortes gebaut, im 14. und 15. Jh. um eine Kapelle mit Fresken erweitert, die mit einem Flügelaltar ausgestattet wurde. Mauterndorf war einst Zollstätte an der Handelsroute nach Italien. Vom damaligen Wohlstand zeugen am Marktplatz noch einige Treppengiebelhäuser aus dem 16. und 17. Jh.

MUSEEN
Burgerlebnis Mauterndorf 👫

Die ehemalige Residenz der Salzburger Fürsterzbischöfe erlebt man bei einem Rundgang mit Audioguide und einem Ausflug auf den 44 m hohen Wehrturm. Danach geht es in die historische Burgschenke mit Schmankerln aus der Region.

Im Sommer gibt es in den Monaten Juli und August spezielle Angebote für Kinder, zum Beispiel Ritterspiele und ein Zwergerlprogramm.

www.salzburg-burgen.at • Anfang Mai, juni, Sept., Okt. tgl. 10–18, Juli, Aug. tgl. 9.30–18.30, Winter Di, Do 11–19 Uhr • Eintritt 9,50 €, Kinder 5,50 €

ÜBERNACHTEN
Pension Laßhofer

Kinderfreundlich – Frühstückspension, fünf Gehminuten vom Zentrum und drei Minuten vom Freibad entfernt. Mit Sauna und Tischtennis. Markt 256 • Tel. 0 64 72/72 77 • www. lasshofer.at • 12 Zimmer • €€

ESSEN UND TRINKEN
Mesnerhaus

Gourmetküche mit Historie • In dem historischen Gebäude zelebriert Josef Steffner eine kreative internationale Küche, die mit zwei Gault&Millau-Hauben dekoriert ist. Im Haus gibt es auch einen Delikatessenshop.

Mauterndorf 56 • Tel. 0 64 72/75 95 • www.mesnerhaus.at • Mo, Di geschl. • €€€

EINKAUFEN
🌿 Trausners Genuss Werkstatt

Bekannt geworden ist diese kleine Manufaktur in Mauterndorf durch exzellente Marmeladen, darunter auch Paradeisermarmelade oder Minzgelee. Alle Zutaten stammen aus 100 Prozent biologischem Anbau. Gekauft werden können die Produkte auch online.

Mauterndorf 84 • Tel. 0 64 72/20 00 65 • www.genusswerkstatt.com • Mo–Fr 8–12 und 14–18 Uhr

Ziele in der Umgebung
◎ Burg Finstergrün   🏰 südöstl. G 6

Auf eine wechselvolle Geschichte blickt die Burg Finstergrün zurück, die vom nordseitigen Abhang der Gstoßhöhe aus das Murtal bei Ramingstein beherrscht. Ein Waldbrand, der im vergangenen Jahrhundert durch den ganzen Lungau tobte, ließ von der Burg nur noch eine Ruine übrig. Jene erwarb der ungarische Magnat Graf Sándor Szápáry im Jahr 1900. Er ließ nebenan eine neue Burg bauen, die heute als Jugendheim dient.

Ramingstein • Tel. 06 99/18 87 70 77 • www.burg-finstergruen.at 19 km südöstl. von Mauterndorf

Die alttestamentarische Figur des Samson gilt als Wahrzeichen des Lungau. In Mariapfarr (▶ S. 75) finden ihm zu Ehren mehrmals jährlich Umzüge statt.

◎ Mariapfarr   🔖 G 6

2400 Einwohner

Zwischen Mauterndorf und Tamsweg liegt der heilklimatische Kurort Mariapfarr, der angeblich sonnenreichste Ort in ganz Österreich. Die Geschichte des kleinen Dorfes ist eng verbunden mit der der Wallfahrtskirche Mariapfarr, die als »Mutterkirche« des Lungaus bezeichnet wird und bedeutende Kunstschätze birgt, darunter Fresken aus dem 13. Jh. Der Ort ist Zentrum des Lungauer Loipennetzes. Außerdem bietet Mariapfarr mit 119 km das größte Nordic-Walking-Angebot in ganz Österreich.

www.mariapfarr.at

6,5 km nordöstl. von Mauterndorf

ESSEN UND TRINKEN

Die Stub'n

Tradition mit Modern kombiniert • Klein und fein ist das Restaurant der Familie Bogensperger in einer alten Bauernstube. Den Gästen stehen nur 18 Sitzplätze zur Verfügung. Gekocht wird in einer Kombination aus regional und international nach dem Motto »Crossover«. Das fand auch die Würdigung diverser Gourmetführer. Eine Speisekarte gibt es nicht. Zum Haus gehören ein Weinhandel und mehrere Ferienwohnungen.

Pichl 12 • Tel. 06 64/5 46 46 90 • www.stubn.at • Di–Sa nur abends • €€€

◎ Murtalbahn 👫   🔖 östl. G 6

Eine Reminiszenz an die Anfänge der Eisenbahn ist die Schmalspurbahn, die von Tamsweg über Ramingstein und Murau nach Unzmarkt in der Steiermark verkehrt. 1894 ging die Murtalbahn erstmals auf Fahrt und schloss den Lungau an das Verkehrsnetz der Habsburger an. Eine Einrichtung, die sich allerdings nicht lohnte, denn die Reisedauer betrug aufgrund der umständlichen Routenführung zwischen zwölf und 14 Stunden. Bereits in den 1960er-Jahren drohte die Bahn ganz stillgelegt zu werden.

Heute fahren auf dieser Strecke moderne Schmalspurtriebwagen, die immerhin Geschwindigkeiten bis zu 70 km/h erreichen. Die Museumsbahn (Dampflokomotive) verkehrt von Mitte Juni bis Mitte September jeden Dienstag, Donnerstag und Freitag zwischen Murau und Tamsweg. www.stlb.at

◎ **St. Michael im Lungau** 📖 G 6

3700 Einwohner

Gleich zwei der fünf bedeutendsten Sakralbauwerke des Lungaus befinden sich in St. Michael: die gleichnamige Pfarrkirche und die Filialkirche St. Martin im Ortsteil St. Martin. Beide Kirchen sind wegen ihrer spätgotischen Fresken bekannt. Sehenswert ist außerdem ein Doppelporträt-Relief aus römischer Zeit, das in den Turm der Filialkirche eingearbeitet wurde. Ferner locken zahlreiche Wander- und Radwege, die sich zur Erkundung der Umgebung anbieten, sowie ein 18-Loch-Golfplatz am Katschberg. www.stmichael-lungau.at

9,5 km südwestl. von Mauterndorf

ÜBERNACHTEN

Der Wastlwirt

Traditionsgasthaus • Die Zimmer und Apartments des traditionellen Landgasthofs sind romantisch im Landhausstil eingerichtet. Poststr. 13 • Tel. 0 64 77/71 55-0 • www.wastlwirt.at • 53 Zimmer • 🐾 • €€€

ESSEN UND TRINKEN

Löckerwirt 📖 G 6

Gutbürgliche Küche • Die Stuben des stattlichen Bauernhofs sind trophäengeschmückt und mit gemütlichen Wirtshausbänken versehen. Die Kost ist gutbürgerlich. St. Margarethen, Dorfstr. 25 • Tel. 0 64 76/2 12 • www.loeckerwirt. at • Di geschl. • €€

SERVICE

AUSKUNFT

Ferienregion Lungau

Rotkreuzgasse 100 • Tel. 0 64 77/ 89 88 • www.lungau.at

◎ **Schloss Moosham** 📖 G 6

Eine weitere Bilderbuchburg wacht über das Murtal: Schloss Moosham bei St. Margarethen. So schön es von außen anzusehen ist, so schreckliche Dinge geschahen hinter seinem dicken Gemäuer, als Moosham noch Verwaltungszentrum des Lungaus und Sitz des Landpflegers war, der auch die landesfürstliche Blutsgerichtsbarkeit ausübte. In jenen Zeiten fanden hier Hexenprozesse statt. Mit der Zeit verfiel das Schloss. Es kam erst wieder zu Ehren, als es Hans Graf Wilczek erwarb und renovieren ließ. Heute ist es ein Privatmuseum, das nur im Rahmen von Führungen besucht werden kann. St. Margarethen • www.schloss moosham.info • Führungen April–Sept. stdl. zw. 10 und 16, Okt., Mitte Dez.–März 11 und 14 Uhr, Mo geschl. außer Aug. • Eintritt 11 €, Kinder 6 € 7 km südl. von Mauterndorf

◎ **Schmelzofenanlage Bundschuh** 👫 📖 G 6

Ein Unikum in der Salzburger Museumslandschaft stellt das Hochofen-

museum Bundschuh dar. Das Industriedenkmal im Gemeindegebiet Thomatal zeugt von der Bedeutung der Bodenschätze vom Mittelalter bis ins 20. Jh. 1903 wurden Bergbau und Verhüttung eingestellt.
Thomatal • www.hochofen-bundschuh.at • Mai–Sept. Mo, Mi, Fr 10–16 Uhr • Eintritt 8 €, Kinder 4 €
16 km südl. von Mauterndorf

◎ **Tamsweg**   📖 östl. G 6
5800 Einwohner
Tamsweg ist Bezirkshauptstadt und wirtschaftliches Zentrum des Lungaus. Den nahezu quadratischen Marktplatz säumen zwei- bis dreistöckige Bürgerhäuser aus dem 16. Jh. Herzstück ist das Rathaus (Mitte 16. Jh.), das mit seinen kleinen Ecktürmchen einem Schloss gleicht. Das ehemalige Schloss Kuenburg steht in der Kirchengasse, ebenso das Barbaraspital, einst Pflegestation für alte und kranke Bergarbeiter, heute Heimatmuseum.
20 Minuten vom Ortszentrum entfernt liegt auf einer Anhöhe die Wallfahrtskirche **St. Leonhard**. Sehenswert ist vor allem das sogenannte Goldfenster aus goldgelbem und blauem Glas (Führungen nur nach tel. Anmeldung, Tel. 0 64 74/ 68 70). Als Ausflugsziel empfiehlt sich auch der stille, in 1514 m Höhe gelegene Prebersee, der 9 km nordöstlich von Tamsweg liegt.
www.tamsweg.at
11 km südöstl. von Mauterndorf

MUSEEN
Lungauer Heimatmuseum
Im ehemaligen Barbaraspital wird ein Querschnitt des bäuerlichen Handwerks und der bäuerlichen Einrichtung im Lungau ausgestellt.

Die Spinn- und die Webstube legen Zeugnis ab über eine Tätigkeit, die in der Region weitverbreitet war.
Kirchengasse 2 • www.museumsportal.com • Mi 10–12, Do, Fr 10–12, 14–16 Uhr • Eintritt 4 €, Kinder 1,50 €

Das Goldfenster in der Wallfahrtskirche St. Leonhard bei Tamsweg (▸ S. 77).

EINKAUFEN
Confiserie Hochleitner
Über 150 Jahre Tradition hat diese feine Confiserie in Tamsweg. Mit ausgesuchten Zutaten wie Lungauer Biomilch, feinen Schokoladen mit hohem Kakaoanteil, Vanilleschoten aus Tahiti entstehen hier köstliche Pralinen, Törtchen und Schokoladen. Genießen kann man die Kreationen im eleganten und mit Preisen ausgezeichneten Kaffeehaus samt schönem Gastgarten.
Kirchengasse 4–6 • Tel. 0 64 74/ 22 40 • www.hochleitner.at • So geschl.

Brauchtum und Volkskunde widmet sich das Lungauer Heimatmuseum (▶ S. 77) in Tamsweg und führt den Besucher in bäuerliches Leben vergangener Zeiten.

St. Johann im Pongau 📖 E 4

10 200 Einwohner

Die Pfarrkirche St. Johann beherrscht den Hauptort des Pongaus. Das mächtige neugotische Gotteshaus, nach einem verheerenden Brand 1855 bis 1873 neu erbaut, wird auch als »Pongauer Dom« bezeichnet. St. Johann im Pongau bietet sich gleichermaßen als Erholungsort für den Sommer wie auch als Ausgangspunkt für Wintersportler an. www.sanktjohann.com

ÜBERNACHTEN

Kur- und Sporthotel Sonnhof 📖 E 4

Für Feinschmecker • Die Wirtsleute verwöhnen die Gäste rundum, nicht nur mit Wellnessangeboten, sondern auch kulinarisch. Vielfach ausgezeichnete Küche. Die gemütlichen, komfortablen Zimmer sind im Landhausstil eingerichtet.

St. Veit, Kirchweg 2 • Tel. 0 64 15/ 43 23 • www.verwoehnhotel.at • 21 Zimmer • 🐾 • €€€

ESSEN UND TRINKEN

Landgasthof Brückenwirt

Gutbürgerliches Gasthaus • In diesem gehobenen Landgasthaus tafelt man klassische regionale Spezialitäten wie Pongauer Kasnockn oder ein Bauernbratl sowie hausgemachte Mehlspeisen. Gemütliche Zimmer. Hauptstr. 78 • Tel. 0 64 12/4 25 90 • www.hotel-brueckenwirt.at • €€

Ziele in der Umgebung
◎ Alpendorf 👫 📖 E 5

Die Hotelsiedlung oberhalb von St. Johann ist vor allem im Winter die erste Anlaufadresse. Hier logiert man direkt an der Piste und hat eine solide Auswahl an Hotels und Restaurants. Im Winter kann man mit Skiern bis Wagrain und Flachau

schaukeln. Im Sommer bietet sich die Fahrt mit der Alpendorf-Gondelbahn hinauf zum Geisterberg an, einem Freizeitpark mit Luftschaukeln, Vogelnestern, Kletterdrachen, Geisterturm und Wasserspielen. www.alpendorf.com
– Geisterberg: Juni–Mitte Okt. tgl. 9–17 Uhr • Gondelbahn Berg- und Talfahrt 23,50 €, Kinder 14,50 € 3,5 km südl. von St. Johann

ÜBERNACHTEN
Oberforsthof
Alpenkulisse • Das große Viersterne-Superior-Hotel befindet sich mitten im Alpendorf bei St. Johann mit direktem Pistenanschluss. Es bietet gediegen rustikales Interieur und einen gut ausgestatteten Alpin Spa mit Panorama Hallenbad. Alpendorf 11 • Tel. 0 64 12/61 71 • www.oberforsthof.at • 71 Zimmer • €€€€

ESSEN UND TRINKEN
Oberforsthofalm
Traditionsverbunden • Ein rustikales Restaurant der gehobenen Art mit Wintergarten und großer Terrasse inklusive bester Aussicht auf St. Johann und Umgebung. Die Küche ist klassisch österreichisch mit regionalen Spezialitäten und auch internationalen Offerten. Alpendorf 12 • Tel. 0 64 12/63 96 • www.oberforsthofalm.at • Mo–Fr tgl. ab 15, Sa, So, feiertags ab 11 Uhr geöffnet • €€€

◎ Bad Gastein　📖 E 6
5650 Einwohner
Die hochherrschaftlichen Villen, Hotels und Restaurants im Stil der Jahrhundertwende machen den Charme des einst weltbekannten Kurorts aus. Bereits im 14. Jh. erkannte man die heilende Wirkung des Wassers. Im Spätmittelalter erlebte der Badebetrieb seine erste Blütezeit. Ganz ernst dürfte es damals nicht zugegangen sein, so lässt zumindest der Spruch einer alten Gasteiner Badestube vermuten: »Außen Wasser, innen Wein, lasst uns alle fröhlich sein!« Der moderne Kurbetrieb wurde im 18. Jh. aufgenommen. Das Radon-Thermalwasser und der Radon-Heilstollen haben schon viele Leiden gelindert. Aus den Thermalquellen sprudeln pro Tag etwa 5 Mio. Liter des heilsamen Wassers. www.gastein.com
37 km südl. von St. Johann

⭐ MERIAN Tipp

HOTEL MIRAMONTE　📖 E 6
Das ehemalige Haus der Österreichischen Nationalbank oberhalb von Bad Gastein wurde in ein trendiges Hotel mit einer Mischung aus 1960er-Jahre-Ambiente und modernem Lifestyle verwandelt. ▶ S. 16

ÜBERNACHTEN
Haus Hirt
Für den Familienurlaub mit Stil • Ein individuelles Viersternehaus in aussichtsreicher Lage oberhalb des Zentrums. Individuelle Zimmer, trendige Küche und ein raffinierter Wellnessbereich machen das Haus zu einem Geheimtipp für Genießer. Zudem gibt es spezielle Angebote für Familien mit Kindern. Kaiserhofstr. 14 • Tel. 0 64 34/ 2 79 70 • www.haus-hirt.com • 31 Zimmer • €€€

Villa Excelsior
Nostalgie • Stilvoller Jahrhundertwendebau auf der Kaiserpromenade. Das elegante Dreisternehaus war einst ein Kurhotel, hatte schon Sigmund Freud als Urlaubsgast und bietet auch Thermal-Badekuren an. In der benachbarten Villa Behrens gibt es auch Ferienwohnungen.
Reitlstr. 20 • Tel. 0 64 36/2 13 50 • www.villa-excelsior.at • €€

ESSEN UND TRINKEN
Villa Solitude
Im Stil der K & K-Monarchie • Der Name steht für vornehme Eleganz, und auch das Haus selbst entspricht dieser Vorstellung. Ein historisches Herrschaftshaus, das an die guten alten Zeiten von Bad Gastein erinnert, beherbergt ein Gourmetrestaurant samt Hotel, das von der Weinhandlung Lutter & Wegner aus Berlin betrieben wird. Im Hotel stehen neun edel-nostalgische Zimmer und Suiten zur Auswahl, die zum Teil die Namen ehemaliger berühmter Gäste der Villa tragen. Kaiserin Sisi und Kaiser Franz Josef sind natürlich auch dabei.
Kaiser-Franz-Josef-Str. 16 • Tel. 0 64 34/5 10 11 • www.villasolitude.com • tgl. geöffnet • €€€€

AKTIVITÄTEN
Felsentherme
Die moderne Therme in Bad Gastein bietet ihren Besuchern zwei Innenbecken, ein Außenbecken, einen Kinderbereich mit Wasserrutsche und Strömungskanal, Saunen, Fitness und Massage.
Bahnhofplatz 5 • Tel. 0 64 34/2 22 30 • www.felsentherme.com • im Sommer tgl. 9–21, im Winter 9–22 Uhr • Tageskarte 28 €, Kinder 17,50 €

◉ Bad Hofgastein   📖 E 5
6800 Einwohner
Der alte, ehrwürdige Hauptort des Gasteinertals ist ein traditionsreiches Heilbad. Das ausgedehnte Kurzentrum bietet ein breites Spektrum an Aktivitäten in Sachen Gesundheit und Badespaß. Da die weite Tallandschaft, in der der Ort liegt, kaum Höhenunterschiede aufweist, ist Bad Hofgastein zudem ein beliebtes Ziel von Wanderern.
31 km südl. von St. Johann

ÜBERNACHTEN
Das Goldberg
Natur- und Designhotel • Das Nobelhotel der Viersterne-Superior-Kategorie steht auf einem Hochplateau und bietet den Gästen beste Aussichten und im Winter direkten Pistenzugang. Es gibt 64 Studios und Suiten, einen gut sortierten Wellnessbereich mit Naturbadesee und eine Küche, die stark auf hausgemachte Zutaten setzt. Hier wird das Brot selbst gebacken und sogar der Kaffee im Haus geröstet.
Haltestellenweg 23 • Tel. 0 64 32/64 44 • www.dasgoldberg.at • 64 Studios und Suiten • €€€€

Das Alpenhaus
Eine Extraportion Luxus • Das Viersternehaus bietet Spa, Yoga und einen eigenen Naturführer.
Kurgartenstr. 26 • Tel. 0 64 32/63 56 • www.alpenhaus-gastein.at • 89 Zimmer • €€€

AKTIVITÄTEN
Alpentherme Gastein 👫
Sechs Erlebnis- und Gesundheitswelten auf 32 000 m² mit einem einzigartigen 360-Grad-Alpenpanorama, einer Saunawelt mit Bergsee,

In dem Luxushotel Das Goldberg (▶ S. 80) in Bad Hofgastein sind die Aussichten spektakulär, und der Wohlfühlfaktor ist zu jeder Jahreszeit hoch.

Ruhe- und Wellnessoasen, Multimedia-Erlebnisdom, tollen Wasserrutschen, Geysiren und einer gläsernen Sky-Bar. Die Alpentherme Gastein gilt als Europas modernste alpine Gesundheits- und Freizeitlandschaft. Eine völlig neue Dimension von Entspannung, Regeneration und Freizeitvergnügen. Die Elemente Stein, Holz und das Wasser aus den Quellen Gasteins verstärken die Einheit mit der Umgebung und werden zum Symbol der neuen Alpentherme Gastein.
Sen.-W.-Wilflingplatz 1 • www.alpentherme.com • So–Mi 9–21, Do–Sa 9–22 Uhr • Eintritt (Tageskarte) 33,50 €, Kinder 19 €

◎ **Bischofshofen**   📖 E 4
10 300 Einwohner
Bischofshofen ist die größte Stadt im Pongau und der wirtschaftliche Mittelpunkt der Region. Sehenswert ist das Rupertikreuz in der Pfarrkirche St. Maximilian. Das Original des metallverkleideten Holzkreuzes, das in der Kirche durch eine Kopie ersetzt ist, wird im Pfarrhof (Moßhammer Platz 2) aufbewahrt. Es wurde vermutlich um das Jahr 800 in Irland gefertigt. Die landschaftlich reizvolle Umgebung von Bischofshofen, das am Fuße des 2941 m hohen Hochkönig liegt, lässt sich auf einer kleinen Wanderung zum Grainfeld-Wasserfall und der oberhalb gelegenen Burgruine Bachsfall genießen. Auf der Naturschanze von Bischofshofen endet jedes Jahr am 6. Januar die deutsch-österreichische Vierschanzentournee. Die Großschanze ist nach abgeschlossenen Umbauarbeiten auch nacht- und sommertauglich und stellt die zurzeit größte Mattenschanze der Welt dar.
www.bischofshofen.com
10 km nördl. von St. Johann

◎ Entrische Kirche 📖 E 5

Die größte Höhle der Salzburger Zentralalpen liegt am Eingang zum Gasteinertal. Während der Gegenreformation diente sie den Protestanten als geheimer Versammlungsort. Die Geschichtsschreiber sprechen heute angesichts der Vertreibung der Protestanten im Jahr 1732/1733 vom »schwärzesten Kapitel« der Landesgeschichte. Im sogenannten Fledermausdom ist eine Gedenkstätte eingerichtet.

www.dorfgastein.net/de-hoehle. php • Besichtigung nur mit Führung: Mai, Juni, Sept. Mi, Fr, So 12, 14, Juli, Aug. tgl. 11, 12, 14 Uhr • Eintritt 12,40 €, Kinder 6,20 €

22 km südwestl. von St. Johann

⭐ ⑧ MERIAN Tipp

HOFALMEN 📖 F 4

Die beiden einsamen romantischen Almhütten außerhalb von Filzmoos sind ein beliebtes Ausflugsziel im Sommer und im Winter. Am Ziel lockt eine deftige Bauernküche. ▶ S. 17

◎ Filzmoos 📖 F 4

Das beschauliche Dorf in einem Seitental am Westrand des Dachsteinmassivs wirbt mit besonders familienfreundlichen Angeboten. Im Winter bietet es ein kleines und ruhiges Skigebiet und schneesichere Loipen. Ein Ganzjahreserlebnis ist ein Ausflug zu den abgelegenen romantischen **Hofalmen** (▶ MERIAN Tipp, S. 17). Berühmt ist Filzmoos auch für das Restaurant der Spitzenköchin Johanna Maier (▶ S. 82).

www.filzmoos.at

35 km östl. von St. Johann

ÜBERNACHTEN

◆ Hammerhof

Wohlgefühl in Spitzenlage • Der 400 Jahre alte Hof, fünf Gehminuten vom Ortszentrum von Filzmoos entfernt, ist heute ein Viersterne-Biohotel mit einem vielseitigen Angebot, das vor allem für Familien geeignet ist. Viele Zutaten kommen aus der eigenen Landwirtschaft und werden für Vollwertgerichte, Vegetarisches, Diätküche und regionale Schmankerl verwendet. Zimmer und Suiten sind mit Naturholzmöbeln ausgestattet. Für die Freizeit stehen Haflingerpferde und ein Reitlehrer zur Verfügung, dazu ein Streichelzoo mit Ziegen, Hasen und Meerschweinchen. Zum Wellnessangebot gehören Sauna, Dampfbad, Solarium und Kräuterbad.

Filzmoos Nr. 6 • Tel. 0 64 53/82 45 • www.hammerhof.at • 24 Zimmer • €€

ESSEN UND TRINKEN

Genießerhotel Hubertus

Johanna Maiers Spitzenküche • Hier speist man in edlem ländlichen Ambiente die wunderbaren Kreationen von Österreichs berühmtester und wohl bester Köchin.

Am Dorfplatz 1 • Tel. 0 64 53/ 82 04 • www.johannamaier.at • Mi–So ab 18.30 Uhr, Mo, Di geschl. • €€€€

◎ Goldegg 📖 E 5

2450 Einwohner

Hauptattraktion des Ortes ist das **Schloss Goldegg**. Es geht auf eine Burg aus dem Jahr 1322 zurück, von der die Holzeinbauten in den Wohn- und Schlafräumen erhalten sind (um 1322). Im 16. Jh. wurde die Burg zum Schloss erweitert. Der Rittersaal mit

Die Gemeinde Goldegg (▸ S. 82) liegt in bezaubernder Lage am gleichnamigen kleinen See. Links die Pfarrkirche, rechts Schloss Goldegg.

sehenswerten Fresken und bemalter Wand- und Deckenvertäfelung zählt zu den wertvollsten Profandenkmälern der österreichischen Renaissance. Im zweiten Stock ist das Pongauer Heimatmuseum untergebracht, das alte bäuerliche Gebrauchsgegenstände und Werkzeuge ausgestorbener Berufe zeigt. www.museum-goldegg.at • Führungen 15. Juni–15. Sept. tgl. außer Mi 14, sonst Do 14 Uhr • Eintritt 4 €, Kinder 1 €

10 km südwestl. von St. Johann

ÜBERNACHTEN
Der Seehof

Designhotel mit Topküche • Landhotel mit Themenzimmern und einer mit zwei Gault&Millau-Hauben ausgezeichneten Küche. Hofmark 8 • Tel. 0 64 15/8 13 70 • www.derseehof.at • 27 Zimmer • €€€

ESSEN UND TRINKEN
Zum Bierführer

Tradition mit Zukunft • Der Name dieses Gasthofs mitten in Goldegg klingt sehr nach Tradition. Und diesem Anspruch wird der Bierführer auch gerecht, egal ob man nun in den nostalgischen Gaststuben sitzt und sich mit bodenständiger regionaler Kost versorgen lässt oder sich in einem der Zimmer einquartiert. Es gibt dazu auch einen kleinen Wellnessbereich. Das Haus liegt sehr zentral neben der Kirche und nur ein paar Schritte vom Schloss entfernt. Hofmark 19 • Tel. 0 64 15/81 02 • €€

◉ Großarltal   📖 E 5
3800 Einwohner

Direkt bei St. Johann zweigt das Tal in südlicher Richtung ab und misst knappe 30 km bis zum Talschluss. Hauptort ist Grossarl, das im Winter eine beliebte Skistation ist. Dort findet man auch ein sehr gutes Angebot an Hotels. Tal der Almen wird es wegen seiner zahlreichen bewirtschafteten Almen auch genannt, von denen es rund 40 gibt.

16 km südl. von St. Johann

ÜBERNACHTEN
Nesslerhof

Im Herzen des Großarltals • Direkt gegenüber der Talstation der Hochbrand Gondelbahn steht das Viersterne-Superior-Hotel, dessen Interieur eine Mischung aus Tradition und Moderne bietet. Es gibt 62 Zimmer und Suiten, außerdem ein Hallenbad mit Spa und einen Naturschwimmteich. Gute Küche.

Unterberg 1 • Tel. 0 64 14/8 12 00 • www.nesslerhof.at • 62 Zimmer • €€€€

◎ Hüttschlag   📖 E 5

Das kleine Dorf, das 8 km hinter Grossarl kurz vor dem Talschluss liegt, ist ein Fall für Naturliebhaber und eines der Bergsteigerdörfer Österreichs. Ganz hinten, am Ende der Großarler Landesstraße, kann man beim Talmuseum direkt neben dem Talwirt in die alte Bergbauernwelt eintauchen und einen alten Bauernhof samt Mühle, Backofen, Räucherkammer und Schnapsbrennhütte besichtigen.

www.talmuseum.at • Mitte Mai–Ende Okt. tgl. 10–18 Uhr • Eintritt 7 €, Kinder 4 €

24 km südl. von St. Johann

◎ Kößlerhäusl (Denkmalhof)   📖 E 5

Zwischen Großarl und Hüttschlag findet sich links neben der Straße das ehemalige Bergknappenhaus der Familie Kößler aus dem 16. Jh. Der roh gezimmerte Blockbau erzählt vom Leben in dieser Zeit. Wohnung, Stall und Scheune waren zusammengeschlossen. Besonders sehenswert: die Rauchkuchl.

Eben 16 • Tel. 0 64 14/30 00 • Mai–Okt. Fr 13–16 Uhr

19 km südl. von St. Johann

◎ Liechtenstein-klamm ⭐ 🎎   📖 E 5

Die Sage erzählt, dass die Klamm vom Teufel geschaffen wurde, der beim vergeblichen Versuch, die Gasteiner Quellen nach Großarl zu bringen, seine Last in die Schlucht schleuderte. Der Weg durch die 1,2 km lange Schlucht führt über gefahrlos begehbare Brücken, Stiegen und durch Tunnel zum 50 m hohen Wasserfall. Dort kann man das grandiose Naturschauspiel von einer Plattform aus genießen. Nach einem Felssturz bleibt die Klamm bis zum Sommer 2018 geschlossen.

www.liechtensteinklamm.at • Mai–Sept. tgl. 8–18, Okt. tgl. 9–16 Uhr • Eintritt 6 €, Kinder 4 €

5 km südl. von St. Johann

◎ Mühlbach   📖 E 4

2400 Einwohner

Der Fremdenverkehrsort ist vor allem bei Wintersportlern wegen der Verbindung zur Skischaukel Dienten Hinterthal Maria Alm bekannt. 4000 Jahre Bergbau haben den Ort geprägt. Hier liegt eine der ältesten Kupferlagerstätten Europas, wovon man sich im Johanna Schaustollen überzeugen kann. Der Ort ist auch Ausgangspunkt für die Besteigung des Hochkönig (▸ S. 106).

www.hochkoenig.at

18 km nordwestl. von St. Johann

Die Stege und Brücken durch die Liechtensteinklamm (▶ MERIAN TopTen, S. 84) wurden 1875 angelegt – finanziert von Fürst Johann II. von Liechtenstein.

MUSEEN

Johanna Schaustollen und Bergbaumuseum 👪

Die Arbeitsmethoden im Bergbau von der Zeit der Illyrer bis zur Gegenwart werden anschaulich dargestellt. Gegründet wurde das Museum von ehemaligen Knappen. Tel. 06 76/7 73 31 • www.museum-hochkoenig.com • Führungen Mai, Juni, Sept. Mi–Fr 14 Uhr, Juli und Aug. Di–Fr 14, 15.30 Uhr • Kombikarte (Schaustollen und Museum) 11 €, Kinder 5 €

◎ Werfen   E 4

3200 Einwohner

Der alte Salzburger Markt mit seinem stimmungsvollen Ortskern, der sich um einen lang gestreckten Hauptplatz ausbreitet, ist sommers wie winters beliebt. Sehenswert: der barocke Hochaltar in der Pfarrkirche (1652–1657) und die Arkadengänge im Innenhof des Brennhofs Werfen am Hauptplatz, wo gelegentlich gemeinsame Sonderausstellungen mit der Burg Hohenwerfen (1077) stattfinden. Sie wurde zur Zeit des Inves-

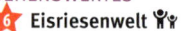 FotoTipp

BURG MIT DORFIDYLLE

Ein sehr beliebtes Fotomotiv ist nicht nur die Burg Hohenwerfen, die das Tal inklusive Tauernautobahn überragt, sondern auch das Zentrum der Ortschaft Werfen mit dem Brennhof, dem Pfleggerichtsgebäude und dem historischen Häuserensemble. ▸ S. 85

titurstreits zum Schutz gegen die Truppen Heinrich IV. erbaut. Bauliche Erweiterungen, die im 12. und 16. Jh. getätigt wurden, verliehen ihr ihr heutiges Gesicht. Die Bilderbuch-Burgruine, die auch als Tagungs- und Veranstaltungsort dient, kann im Rahmen einer einstündigen Führung besichtigt werden (Ende März–Anfang Nov. tgl. 9–17 bzw. 16, im Sommer bis 18 Uhr).
17 km nördl. von St. Johann

SEHENSWERTES

6 Eisriesenwelt 👬   📖 E 3

Ein unterirdischer Fluss schuf die Eisriesenwelt im Tertiär. 1879 wurde sie entdeckt, 1912 erschlossen. Bisher sind 47 km erforscht. Rund 800 m führt der Besucherweg in das Berginnere, in eine grandiose Märchenwelt aus Eis. Verschiedene Figuren aus der nordischen Mythologie standen Pate für die Namen der bizarren Eispaläste. Die Zufahrt von Werfen erfolgt über eine 5 km lange Bergstraße, bis man den Parkplatz mit Besucherzentrum erreicht (es gibt von Werfen aus auch eine Busverbindung). Vom Parkplatz sind es 15 Gehminuten zur Talstation der Seilbahn. Oben angekommen, sind weitere 20 Minuten zu Fuß zum Höhleneingang zurückzulegen. Die Führung dauert rund 75 Minuten. Warme Kleidung und feste Schuhe sind ratsam.

Eine beinahe unwirkliche Umgebung empfängt die Besucher der Eisriesenwelt (▸ MERIAN TopTen, S. 86). Das Höhlensystem gilt als das größte der Erde.

www.eisriesenwelt.at • Mai– Ende
Okt. tgl. 8–15, Juli, Aug. bis 16 Uhr •
Höhlenbesuch und Seilbahn 24 €,
Kinder 14 €

MUSEEN

Falknereimuseum 👫 📖 E 4

Das erste österreichische Falknereimuseum zeigt u.a. Exponate zum
Thema mittelalterliche Jagd und
Falkenausbildung.
Burg Hohenwerfen • Ende März–Anfang Nov. tgl. 9–16, Mai–Sept. bis
17 Uhr • Eintritt (inkl. Führung, Museum und Greifvogelschau) 15,50 €,
Kinder 8,50 €, Familien 36,50 €

ESSEN UND TRINKEN

Restaurant Obauer

Moderner Gourmettempel • Das
für ein kleines, unscheinbares Dorf
recht moderne Restaurant der Brü-
der Obauer zählt seit vielen Jahren
zur absoluten Elite der österreichischen Gastronomie.
Markt 46 • Tel. 0 64 86/5 21 20 •
www.obauer.com • variable Ruhe-
tage • €€€€

◎ **Werfenweng** 📖 E 4

900 Einwohner
Das kleine Bergdorf oberhalb von
Werfen hat mit seinem Konzept der
sanften Mobilität zahlreiche Aus-
zeichnungen gesammelt. Wer hier
aufs Auto verzichtet, wird mit zahlreichen Gratisangeboten belohnt.
Im Sommer kann man mit unter-
haltsamen Elektromobilen rund
ums Dorf sausen. Und im Winter
gibt es für die sanft-mobilen Gäste
kostenlose Langlauf-Leihausrüstun-
gen, Pferdeschlittenfahrten und vieles mehr. Durch seine abgeschiedene
Lage in einem Talkessel ist Werfenweng ein idealer Urlaubsort für
Naturliebhaber und Familien, die
fernab vom Urlaubsrummel erhol-
same Tage verleben wollen.
www.werfenweng.org
20 km nördl. von St. Johann

MUSEEN

Salzburger Landesskimuseum
Von Fridtjof Nansens Gletscherbrille
über Toni Sailers Skimütze bis zu
Rennskiern der letzten Dekaden reichen die Exponate. Das Museum in
Werfenweng bietet eine ausführliche
Dokumentation über die Geschichte
des Skisports, von den ersten
Schwüngen über Skispringer, Langläufer bis zu aktuellen technischen
Errungenschaften. Kurios sind auch
die Riesenskier, auf denen elf Skileh-
rer gemeinsam nicht nur im Schnee,
sondern auch ins »Guinness Buch
der Rekorde« gefahren sind.
Weng 53 • www.skimuseum.at • Mi,
Fr, So 13–17 Uhr • Eintritt 4 €, Kinder
ab 6 Jahre 2 €

ÜBERNACHTEN

Woodridge
Romantische Lodge • Drei luxuriöse
Chalets im kanadischen Stil für den
individuellen Natururlaub.
Weng 7 • Tel. 06 64/5 57 07 37 • www.
woodridge.at • 3 Chalets • €€€€

Travel Charme Bergresort
Vor großartiger Bergkulisse • Vor
wenigen Jahren wurde das Viersterne-Superior-Hotel direkt beim
Dorfzentrum neu gebaut. Auf die
Hotelgäste wartet eine große, modern gestaltete Hotelanlage mit gutem Wellnessangebot und italieni-
schem Designerinterieur.
Weng 195–198 • Tel. 0 64 66/39 10 •
www.travelcharme.com • 120 Zimmer
und Suiten • €€€

Pinzgau

Der größte der Salzburger Gaue bietet mit dem Nationalpark Hohe Tauern eine außergewöhnliche Naturlandschaft mit vielen Attraktionen und Ausflugsmöglichkeiten.

◄ Blick durch das Habachtal hinauf zur Venediger Gruppe im Nationalpark Hohe Tauern (▶ MERIAN TopTen, S. 97).

Der Pinzgau, dessen Name sich angeblich von den früher entlang der noch unregulierten Salzach vorkommenden Binsen ableitet, ist der größte der fünf Salzburger Gaue und deckt den kompletten Westen des Bundeslandes ab. Dazu gehören das Saalachtal mit seinen schroffen Bergen im Norden, das weite Tal rund um Saalfelden und Zell am See und schließlich ein Teil der Hohen Tauern bis zum Gerlospass an der Grenze zu Tirol. Bis 1803 herrschten im Pinzgau die Salzburger Fürsterzbischöfe. Zwischendurch gehörte er zu Bayern, seit 1816 ist er rein österreichisch. Noch heute sind größere Grundbesitze rund um Lofer im Besitz des Freistaats Bayern.

Zum Pinzgau gehören einige der wichtigsten Urlaubsziele im Salzburger Land: Saalbach-Hinterglemm, Zell am See mit dem Kitzsteinhorn oder Saalfelden mit Leogang. Für Bergwanderer ist der Pinzgauer Höhenweg von Zell am See bis in die Kitzbüheler Alpen ein Höhepunkt.

Bruck
C 5

4400 Einwohner

Die kleine Gemeinde liegt zwischen dem Zeller See und dem Anfang der Großglockner Hochalpenstraße und dabei doch ruhig und abseits der Bundesstraße. Sehenswert ist die Pfarrkirche St. Georgen mit ihrem gotischen Flügelaltar.

www.grossglockner-zellersee.info

SEHENSWERTES

Wildpark Ferleiten

▶ Familientipps, S. 33

ÜBERNACHTEN

Taxhof

Bauernhof mit Edelgastronomie • Am östlichen Ortsrand von Bruck führt die Straße 3 km bergauf, bis sie den einsamen Bergbauernhof erreicht. Der Taxhof auf 1113 m Höhe bietet neben der eindrucksvollen Aussicht eine regionale Küche mit Gault&Millau-Haube und außergewöhnlich charmante Unterkünfte wie zum Beispiel im renovierten alten Troadkasten inklusive Panoramasauna. Das Restaurant steht nur Hotelgästen offen.

Hundsdorf 15 • Tel. 0 65 45/62 61 • www.taxhof.at • 9 Zimmer • €€

★ Großglockner Hochalpenstraße
C 5

1935 wurde die höchste und eindrucksvollste Passstraße Österreichs nach 28-monatiger Bauzeit eröffnet. Sie windet sich von Bruck (757 m) in zahlreichen Kehren hinauf zum Hochtor (2506 m) und dann wieder hinunter nach Heiligenblut (1301 m) ins benachbarte Bundesland Kärnten. Die 47,8 km lange Strecke ist mautpflichtig, aber ein Natur- und Fahrerlebnis der besonderen Art. Abhängig vom Schneefall ist die Straße von Ende Oktober bis zum Muttertag im Mai gesperrt, außerdem täglich von 22 bis 5 Uhr.

www.grossglockner.at • weitere Infos
unter Tel. 06 62/87 36 73-0 oder an
den Mautstellen Ferleiten und Heiligenblut • Tageskarte Pkw/Wohn-
mobil 35,50 €, Motorrad 25,50 €

 FotoTipp

»ROADMOVIE«

*Die Grossglockner Hochalpenstraße
bietet zahlreiche legendäre Postkar-
tenmotive. Besonders beliebt sind
das Fuscher Törl und die Kaiser-Franz-
Josefs-Höhe mit dem Blick auf den
Pasterzenggletscher.*   ▶ S. 89

Kaprun 👫   📖 C 5

3000 Einwohner

Kaprun war in erster Linie ein Berg-
bauerndorf, dessen Bewohner von
der Viehzucht lebten. Anfang des
20. Jh. erlangte es einen Namen als
Bergführerdorf. Einen enormen
Aufschwung erlebte der Ort 1955 mit
der Fertigstellung der Tauernkraft-
werke. Der Bau der Gletscherbahn
auf das Kitzsteinhorn (3202 m) 1964
machte Kaprun zum Ganzjahresski-
gebiet. Ein verheerender Brand mit
155 Toten im November 2000 zer-
störte diese 3900 m lange Standseilbahn. Seit 2001/2002 ist eine neue
Bahn in Betrieb.

An die Anfänge des Ortes, der im
Jahre 931 erstmals urkundlich erwähnt wurde, erinnert die Burg
Kaprun, die größte Ruine des Pinz-
gaus (vermutlich aus dem 12. Jh.
stammend). 1526 von aufständi-
schen Bauern niedergebrannt, baute
Josef Hundt von Ainetperg sie 1600
in ihrem heutigen Grundriss auf.
Eine Besichtigung der Burganlage ist
nur von außen möglich.

SEHENSWERTES
Kraftwerk und Stauseen

Die beeindruckenden Stauanlagen
der Kraftwerksgruppe sind eine Attraktion. Die »Erlebniswelt Strom
und Eis« gewährt u. a. Einblick in die
Maschinenhalle. Mit einem offenen
Schrägaufzug gelangt man zu den
Stauseen und zur gigantischen Stau-
mauer, deren Innenleben ebenfalls
erkundet werden kann.

www.tauerntouristik.at/de/kaprun •
Besucherzentrum: Ende Jan.–Mitte
Dez. tgl. 8–18 Uhr • Eintritt frei
Aufzug: Ende Mai–Anfang Okt. • Berg-
und Talfahrt 19,50 €, Kinder 12 €
Staumauerführung: Ende Mai–
Anfang Okt. tgl. 10–15.15 Uhr • Eintritt
5,50 €, Kinder 3 €

ÜBERNACHTEN
Active by Leitner's

Reichlich Glas und Holz • Das
Designhotel bietet unterschiedliche
Zimmer und Suiten von Low Budget
bis XXL. Dazu gibt es eine große
Lounge, einen Spabereich mit Out-
door-Schwimmkanal und ein Restaurant im 600 Jahre alten Winklhof,
der direkt gegenüber steht. Zum
Hotel gehört noch eine renovierte
Dependance mit modern eingerich-
teten Apartments.

Kitzsteinhornstr.10 • Tel. 0 65 47/
8 78 21 • www.active-kaprun.at •
55 Zimmer • €€€

Alpenhaus Kaprun

Mitten im Zentrum • Hinter dem
schlichten Namen verbirgt sich ein
komplett renoviertes Hotel, das ehe-
mals als Steigenberger Hotel eine
erste Adresse am Ort war. 122 neue
Zimmer und Suiten und ein Alpen-
Veda.Spa gehören nun zum Angebot
des Viersternehauses.

Das Kitzsteinhorn (▸ S. 91), Österreichs höchstgelegenes Skigebiet, bietet rund ums Jahr Eis und Schnee vor spektakulärer Kulisse.

Schlossstr. 2 • Tel. 0 65 47/76 47 • www.alpenhaus-kaprun.at • 125 Zimmer • €€€

AKTIVITÄTEN
Maisiflitzer
Die ganzjährig betriebene Rodelbahn am Maiskogel ist eine Attraktion für Jung und Alt, sie bietet den Fahrgästen Nervenkitzel auf der Reise ins Tal. Start und Ziel sind nahe der Zufahrtsstraße von der Mittersiller Straße.
Maiskogel, Einödweg 3 • Tel. 0 65 47/2 01 13 • www.maiskogel.at • tgl. ab 11 Uhr bis Sonnenuntergang • Einzelfahrt 11 €, Kinder 5 €, Familienkarte 26 €

★ **Tauern Spa Kaprun**
Zum Spa Resort bei Kaprun gehören ein Viersternehotel mit 160 Zimmern, ein »Panorama SPA« mit gläsernem Panoramapool, der Skyline-Pool und spektakuläre Saunen sowie die »SPA Wasserwelt«, die mit insgesamt sieben unterschiedlich gestalteten Pools auf einer 2100 m² großen In- und Outdoor-Wasserfläche aufwartet. Im Preis enthalten ist natürlich der grandiose Ausblick auf die umliegenden Berge.
Tauern Spa Platz 1 • www.tauern spakaprun.com • tgl. 9–22, Fr bis 23 Uhr • Tageskarte ab 27 €, Kinder ab 13,50 €

Kitzsteinhorn　　📖 C 5
Das traditionsreiche Gletscherskigebiet bietet neben zahlreichen Pulverschneepisten auch Freeridevarianten, ab Herbst auch Skitouren und Langlaufloipen. Interessant ist die vielseitige Gastronomie mit dem Gipfel-Restaurant, dem höchstgelegenen Restaurant im Salzburger Land auf 3029 m, das Gourmetküche anbietet, und mit dem Ice Camp

Gewaltige Inszenierung der Natur: Die Krimmler Wasserfälle (▸ MERIAN TopTen, S. 92) sind mit einem Gefälle von 380 m die höchsten Europas.

presented by Audi quattro, wo man im Winter in Iglus und auf dem Sonnendeck chillen kann. www.kitzsteinhorn.at

SEHENSWERTES
Cinema 3000

Das Panoramakino Cinema 3000 liegt in 3000 m Höhe auf dem Kitzsteinhorn mitten im Gletscherskigebiet. Das Kino lockt die Besucher mit einer 8 m breiten Leinwand und unterhält sie mit spektakulären Naturaufnahmen.

Kitzsteinhorn • www.kitzsteinhorn.at/de/gipfelwelt-3000/cinema-3000 • ganzjährig geöffnet • Ticket (inkl. Fahrt mit drei Seilbahnen) 41 C, Kinder 20,50 €, Jugendliche 30,50 €

Krimml   📖 A 5

800 Einwohner

Ganz im Westen des Salzburger Landes versteckt sich Krimml, ein kleines Dorf, das durch seine **Wasserfälle** ⭐ schon im 19. Jh. weithin bekannt war. Gespeist von zwölf

Gletschern, stürzt die Krimmler Ache über drei gewaltige Felsstufen 380 m in die Tiefe. Vom Parkplatz aus gelangt man in etwa 15 Minuten zur Aussichtskanzel am unteren Fall und in einer knappen Stunde Fußmarsch hinauf zur höchsten Fallstufe. Wenn man mehr Zeit hat, empfiehlt sich eine ausgiebige Wanderung zum **Krimmler Tauernhaus**. Von Krimml aus führt der gut ausgeschilderte Weg entlang der Wasserfälle zum Schönangerl, einem flachen Talstück. In der Nähe des Gasthofes Schönangerl beim mittleren Fall zeugen schöne Gletscherschliffe von der Eiszeit. Nach der letzten Wasserfallstufe ist das Tal noch relativ eng, weitet sich aber schließlich und gibt den Weg frei in eine landschaftlich reizvolle Almlandschaft. An der Hölzlahner Alm vorbei, über die Hofer Alm, die Humbach Alm und die Schachenalm erreicht man schließlich nach drei- bis vierstündiger Wanderung das Krimmler Tauernhaus (1631 m).

ÜBERNACHTEN
Krimmler Tauernhaus
Berühmtes Berggasthaus • Das rund 600 Jahre alte Haus liegt im Krimmler Achental und ist nur zu Fuß oder per Taxibus zu erreichen. Sehr urige Atmosphäre.
Tel. 0 65 64/83 27 • www.krimmler-tauernhaus.at • 23 Betten, 38 Schlafplätze im Matratzenlager • 🐾 • €

Leogang   📖 C 4
3100 Einwohner
Einer der ältesten Bergbauorte im Pinzgau zählt heute zu den wichtigsten Tourismusdestinationen. An die Geschichte erinnert noch das Bergbaumuseum im ehemaligen Bergverwalterhaus in Hütten westlich von Leogang. Heute besitzt Leogang im Sommer vor allem für Biker ein großes Angebot an Radwegen. Im Winter bietet es Zugang zum Skizirkus Saalbach-Hinterglemm über den Großen Asitz.

MUSEEN
Bergbaumuseum
In dem renovierten historischen Haus im Ortsteil Hütten werden die Geschichte des Bergbaus und das Leben der Knappen dokumentiert. Außerdem kann man eine Sammlung von gotischen Heiligenfiguren aus dem Alpenraum bewundern.
Hütten 10 • Tel. 0 65 83/71 05 • www.museum-leogang.at • Di–So 10–17 Uhr • Eintritt 7,50 €, Kinder frei

ÜBERNACHTEN
Forsthofalm
Designhotel am Berg • Das alte Berggasthaus, das sich mitten im Skigebiet oberhalb von Leogang auf 1050 m Höhe befindet, wurde um ein elegantes Designhotel erweitert. Das erste Hotel aus Holz – so die Eigenwerbung – bietet Naturerlebnis und Ästhetik gleichermaßen. Im Sommer kann man sogar mitten im Wald übernachten.
Hütten 37 • Tel. 0 65 83/85 45 • www.forsthofalm.com • 31 Zimmer • €€€

⑨ MERIAN Tipp

BERGDORF PRIESTEREGG   📖 C 4
Das nobel-rustikale Hüttenhotel oberhalb von Leogang bietet viel Romantik und Luxus. Jedes Chalet ist mit Sauna und Whirlpool ausgestattet. Highlight ist das Bogner Chalet.   ▸ S. 17

Dem Himmel ganz nah: Auf einem Hochplateau in 1100 m Höhe liegt das romantische Hüttenhotel Bergdorf Priesteregg (▸ MERIAN Tipp, S. 17, 93).

Krallerhof

Erstklassiges Wellnesshotel • Die weitläufige Hotelanlage etwas oberhalb der Hauptstraße besticht durch klassisch alpines Ambiente.
Rain 6 • Tel. 0 65 83/8 24 60 • www. krallerhof.com • 117 Zimmer • €€€

Mama Thresl

»Urban soul meets the alps« • So lautet das Motto des Hotels direkt bei der Talstation der Asitzbahn. Die Unterkunft bietet ihren Gästen viel Lifestyle und Entertainment, ein offenes Küchenkonzept, dazu 50 Zimmer, die heimische Naturmaterialien mit modernem Design kombinieren, in sechs Zimmerkategorien, teils mit Dachterrasse und privatem Hotpot. Das Hotel ist das neueste Projekt der Priesteregg-Inhaber Hubert und Renate Oberlader. Der Name ist eine Hommage an die Mutter von Renate Oberlader.

Sonnberg 252 • Tel. 06 64/1 16 65 64 • www.mama-thresl.com • 50 Zimmer • €€€

🌱 Sinnlehenhof

Urlaub am Bauernhof • Der romantische, über 300 Jahre alte Biobauernhof oberhalb von Leogang bietet seinen Gästen ein Biofrühstück mit Produkten aus eigener Landwirtschaft. Neben den Ferienwohnungen gibt es auch ein nostalgisches Ferienhäuschen. Eine Besonderheit ist die 15 Gehminuten entfernte eigene Alm, wo Kühe und Schweine den Sommer verbringen.
Hirnreit 8 • Tel. 0 65 83/84 38 • www. sinnlehen.at • 6 Zimmer und Ferienwohnungen • €

ESSEN UND TRINKEN

Hüttwirt

Wohlfühlgastronomie • Eine über 500 Jahre lange Geschichte hat dieses beliebte, gemütliche Gasthaus im Ortsteil Hütten. Die Küche kombiniert anspruchsvolle Regionalgerichte mit österreichischen Klassikern, die von Kaspressknödeln über Hirschragout bis zu Leoganger Lachsforellen reichen. Zum Haus gehören auch schöne, modern eingerichtete Gästezimmer.

Hütten 9 • Tel. 0 65 83/82 27 • www. huettwirt.com • tgl. ab 14 Uhr, im Sommer Mo geschl. • €€

Kirchenwirt

Gasthaus mit Stil • Regionale Spezialitäten, u. a. Pinzgauer Naturrind (PI-Rind) und Leoganger Weidelamm, werden hier in rustikaler Atmosphäre serviert. Der Kirchenwirt ist eine Pinzgauer Institution seit fast sieben Jahrhunderten.

Leogang 3 • Tel. 0 65 83/82 16 • www. hotelkirchenwirt.com • €€

Maria Alm am Steinernen Meer ▭ D 4

2000 Einwohner

Maria Alm am Fuß des Steinernen Meeres ist ein wahres Bilderbuchdorf. Beherrscht wird das Ortsbild von der Marienwallfahrtskirche mit ihrem 84 m hohen Turm. Das spätgotische Gnadenbild der Muttergottes aus dem Jahr 1480 zog früher in Scharen die Wallfahrer an, die sich Schutz vor der Bärenplage erbaten.

ÜBERNACHTEN

Hinterreit

Wellnesshotel in Panoramalage • Der rustikale Gasthof steht westlich von Maria Alm in bester Panoramalage mit perfekter Hochkönig-Aussicht. Im Sommer ist Hinterreit ein beliebter Platz zur Einkehr während der Wandertour oder als Ausgangs-

punkt für den Wanderurlaub. Im Winter bietet der Bauer Peter Hörl dazu ein kleines Skigebiet, das über drei Schlepplifte verfügt. Das Besondere an Hinterreit ist, dass hier die Skiwelelite auf einer separaten Piste trainiert, die Peter Hörl dafür extra präpariert. Und die Stars logieren auch im Gasthaus, und so kann es vorkommen, dass am Nachbartisch eine Lindsey Vonn oder ein Felix Neureuther tafeln.

Hinterreit • Tel. 0 65 84/77 80 • www. hinterreit.at • 10 Zimmer • €

FotoTipp

PERFEKTER HOCHKÖNIG-BLICK

Wer den Hochkönig in seiner ganzen Pracht festhalten will, für den lohnt sich die Fahrt über den Dientner Sattel bis direkt vor das Bergmassiv. Sehr schön ist auch der Blick von der Terrasse des Gasthofs Hinterreit bei Maria Alm.   ▶ S. 95

ESSEN UND TRINKEN

Arthurhaus

Berggenuss • In bester Lage zu Füßen des mächtigen und fotogenen Hochkönigmassivs auf rund 1500 m Höhe steht das traditionsreiche Berghotel, das auch eine beliebte Einkehrstation vor oder nach der Bergtour ist. Die Küche bietet regionale Spezialitäten. Der Käse kommt von der Schweizerhütte, der eigenen Sennerei. Erreichbar ist das Arthurhaus von Maria Alm über den Dientner Sattel bis Mühlbach und dort über die Panoramastraße.

Mühlbach, Mandlwandstr. 110 • Tel. 0 64 67/72 02 • www.arthur haus.at • €

Mußbachalm

Frühstück auf der Alm • Morgens aufstehen, eine gemütliche Wanderung zu einer schönen Almhütte, wo ein herzhaftes Frühstück wartet – zahlreiche Hütten in der Hochkönigregion bieten das an, und die Gäste scheinen es zu lieben. So wie bei der Mussbachalm, wo die Sennerin Anita Griessner hausgemachte Spezialitäten auftischt. Die Sennerin ist passionierte Imkerin und Jägerin, macht den Käse selbst und ist eine herzliche Gastgeberin. Telefonische Reservierung ist empfehlenswert. Mußbach Str. 60 • Tel. 0 65 84/ 81 16 • Ende Mai–Anfang Okt. tgl. geöffnet • €

Ziel in der Umgebung
◎ **Dienten**   🗺 D 4

800 Einwohner

Die Pfarrkirche St. Nikolai vor den schroffen Türmen des Hochkönigmassivs ist ein wirkungsvolles Fotomotiv. Die Einwohner der ehemaligen Bergbausiedlung leben heute fast ausschließlich vom Fremdenverkehr. Dafür sorgen u. a. ein sehr familienfreundliches Skigebiet und zahlreiche Wandermöglichkeiten. www.hochkoenig.at

14 km östl. von Maria Alm

ÜBERNACHTEN
Die übergossene Alm

Wellnesshotel in Panoramalage • Das großzügige Hotel befindet sich oberhalb von Maria Alm zu Füßen des Hochkönig in sonnenreicher Lage. Das Viersterne-Superior-Hotel besitzt einen umfangreichen Wellnessbereich und ist mit seiner Lage auch ein idealer Ausgangspunkt für Wanderungen im Hochköniggebiet. Sonnberg 23 • Tel. 0 64 61/23 00 • www.uebergossenealm.at • 84 Zimmer • €€€€

Der Nationalpark Hohe Tauern (▶ MERIAN TopTen, S. 97) bietet viele spektakuläre Ausblicke, hier auf den Großglockner, mit 3798 m Österreichs höchster Berg.

Mittersill
B 5

5800 Einwohner

Die Marktgemeinde aus dem 12. Jh. wurde wegen ihrer Lage an der Schnittstelle zweier wichtiger Verkehrswege der Hauptort des Oberpinzgaus. Dennoch hat Mittersill seinen Charme als Bergstädtchen bewahren können.

Über der Stadt thront das **Schloss Mittersill**. Der Gründungsbau der Grafen von Lechsgemünd geht auf das Jahr 1150 zurück. Im Bauernkrieg 1525/26 wurde das Schloss zerstört und 1528 in seiner heutigen Form wieder aufgebaut. Der sogenannte Hexenturm erinnert an die grausamen Prozesse, die hier im 17. und 18. Jh. stattfanden und unliebsame Frauen ins Verderben stürzten. 1888 kam Schloss Mittersill in Privatbesitz, wechselte in der Folgezeit häufig den Besitzer und ist heute ein Hotel und Restaurant.

www.mittersill.at

MUSEEN

Felberturm Museum

Das Museum beherbergt eine reichhaltige Sammlung, die sich den Themen Handwerk, Volkskunst, Brauchtum, Geschichte, Alpinismus, Mineralien und Bergbau widmet. Der Wehr- und Wohnturm aus dem 12. Jh. gehörte einst den Herren von Felben. 1425 kam er an die Salzburger Erzbischöfe, die ihn als Getreidespeicher nutzten. 1936 kaufte die Gemeinde Mittersill den verfallenen Turm und richtete 1969 das Felberturm Museum ein.

Hintergasse 4 • www.museum-mittersill.at • Anfang Juni–Sept. Di–Fr 10–17, Sa, So 13–17, Okt. Sa, So, Feiertage 13–17 Uhr • Eintritt 5 €, Kinder 2,50 €

⭐ MERIAN Tipp
10

SCHWAIGERLEHEN
B 5

Der uralte Bauernhof in Mittersills Nachbarort Stuhlfelden ist eine Institution. Hier schläft man in nostalgischen Kammern, wie sie im Museum kaum echter sein können. ▶ S. 17

✪ Nationalpark Hohe Tauern
10
A 6, C 6, F 6

Vom Nationalpark Hohe Tauern mit seinen 1834 km^2 gehören 804 km^2 zum Salzburger Land. Der Nationalpark, der seit 1991 besteht, ist das größte Naturschutzgebiet im Alpenraum. Wo früher in den Hochtälern wie zum Beispiel im Raurisertal Gold abgebaut wurde, werden heute geführte Wanderungen, Naturbeobachtungen und viele andere Exkursionen angeboten. Gold schürfen kann man übrigens auch heute noch. Die Zentrale der Salzburger Nationalparkverwaltung befindet sich in Mittersill.

Mittersill, Gerlosstr. 18 • Tel. 0 65 62/4 09 39 • www.nationalpark zentrum.at

Rauris
D 5

3200 Einwohner

Der Goldbergbau bestimmte die Geschichte des Ortes, der in einem 30 km langen Hochtal zwischen Gasteiner- und Fuschertal liegt. Daran erinnern Gewerkenhäuser aus dem 15. und 16. Jh. Der Tauerngold-Rundwanderweg (drei Stunden ab Naturfreundehaus Neubau, das wiederum anderthalb Stunden von Kolm-Saigurn entfernt ist) führt entlang historischer Stätten des Goldbergbaus im Talschluss Kolm-

Saigurn. Goldwaschen kann man in Rauris immer noch (▸ Familientipps, S. 33). Heute macht der Ort überregional mit seinen Literaturtagen von sich reden, die hier seit 1971 alljährlich im Frühjahr stattfinden. Ansonsten wird die flächenmäßig größte Gemeinde im Salzburger Land als Wanderparadies geschätzt. www.raurisertal.at

MUSEEN
Rauriser Talmuseum
1500 Exponate, die in 17 Schauräumen gezeigt werden, führen durch die Rauriser Vergangenheit.
Marktstr. 59 • Tel. 0 65 44/62 53 • in der Saison tgl. außer Do und So 10–12 und 15–18 Uhr • Eintritt 3,50 €, Kinder 1,50 €

ÜBERNACHTEN
Ammererhof
Hochalpiner Hideaway • Ganz hinten im Tal auf 1650 m Höhe in Kolm-Saigurn, einer ehemaligen Bergknappensiedlung direkt unter dem Sonnblick, steht der romantische, über 100 Jahre alte Gasthof. Drinnen gibt es gemütliche Sternezimmer mit Blick ins Firmament und geräumige Ferienwohnungen. Nostalgische Gaststube und gute Küche.
Kolmstr. 21 • Tel. 0 65 44/81 12 • www.ammererhof.at • 14 Zimmer • €€

ESSEN UND TRINKEN
Landgasthaus Weixen
Einsames Ausflugsgasthaus • Im abgelegenen Seidlwinkeltal liegt dieses beliebte Ausflugslokal. Die Küche ist so rustikal wie die Gaststube. Dazu gibt es selbst gebrautes Bier und im Sommer hausgemachtes Eis.
Seidlwinkel 114 • Tel. 0 65 44/64 37 • www.weixen.at • Mo geschl. • €€

Saalbach-Hinterglemm ▥ C 4
3100 Einwohner
Im Winter die Skifahrer, im Sommer die Wanderer und Biker: Die beiden Schwestergemeinden Saalbach und Hinterglemm haben sich ganz dem Tourismus verschrieben. Bereits 1947 wurde hier der erste Lift in dem bis dahin armen Tal gebaut. Heute breitet sich rund um Schattberg und Zwölferkogl ein Skizirkus mit 270 Pistenkilometern aus, der auch mit Leogang und Fieberbrunn verbunden ist. Das Publikum ist eher jung und unterhaltungsorientiert. So ist auch das Freizeitangebot. www.saalbach.at

MUSEEN
Heimathaus und Skimuseum
Sehenswert ist das alte Heimathaus und Skimuseum, das in einem Bauernhaus neben der Kirche untergebracht ist. Bei einer sachkundigen Führung wird hier die Geschichte von Saalbach-Hinterglemm sowie vom ersten Ski bis heute erzählt.
Tel. 0 65 41/79 58 • Di und Do 14–18 Uhr • Eintritt 4,50 €, Kinder 2 €

ÜBERNACHTEN
Gartenhotel Theresia ▥ C 4
Perfekte Gastgeber • Die mehrfach ausgezeichnete Bioküche ist das Aushängeschild dieses Viersterne-Superior-Hotels in Saalbach-Hinterglemm. Vom Biofrühstück bis zum vollbiologischen Abendmenü reicht das Angebot. Dafür gab es die »Grüne Haube« als Anerkennung für die Verwendung regionaler, biologischer, fair gehandelter Lebensmittel und umweltschonende Betriebsführung. Das Hotel, das von außen eher bodenständig wirkt und sich innen als sehr modern ent-

In Saalbach-Hinterglemm (▶ S. 98) dreht sich alles um Skifahren, den Lieblingssport der Österreicher. Die Saison dauert hier bis Ende April.

puppt, verfügt über einen umfangreichen Wellnessbereich.
Glemmtaler Landesstr. 208 •
Tel. 0 65 41/7 41 40 • www.hotel-theresia.com • 53 Zimmer • €€€€

Saalfelden 🔖 D 4
14 500 Einwohner
Saalfelden ist Zentrum des Pinzgauer Saalachtals. Die moderne Kleinstadt liegt an der Durchgangsroute, die von Bad Reichenhall nach Zell am See und weiter zur Großglockner Hochalpenstraße führt. Saalfelden erstreckt sich im weiten Tal der Saalach und eignet sich daher gut für gemütliche Wanderungen und Radausflüge.

MUSEEN
Museum Schloss Ritzen
Heimisches Brauchtum, Handwerk und Volkskunst sind Gegenstand dieses Museums im Schloss Ritzen.

Besonders sehenswert ist die alpenländische Krippensammlung.
www.museum-saalfelden.at • Juni–Sept. Di–So 11–17, Jan., Feb., Mai, Okt., Dez. Do–So 11–17 Uhr, März, April, Nov. geschl. • Eintritt 5,50 €, Kinder frei

ÜBERNACHTEN
Gut Brandlhof
Sporthotel • An der Straße Richtung Lofer steht dieses großzügige Viersterne-Superior-Hotel. Zum Angebot gehören ein Golfplatz und ein 3000 m² großer Wellnessbereich.
Hohlwegen 4 • Tel. 0 65 82/7 80 00 • www.brandlhof.com • 185 Zimmer • €€€

SERVICE
AUSKUNFT
Saalfelden Leogang Touristik
Mittergasse 21a • Tel. 0 65 82/7 06 60 • www.saalfelden-leogang.com

Ziele in der Umgebung

◎ Lamprechtshöhle 👫   📖 C 3

Dieses Naturdenkmal birgt einen Superlativ: Es handelt sich um die tiefste wasserführende Höhle Österreichs. Sie reicht mit einer Gesamtlänge von 35 km in den Berg; erschlossen sind rund 600 m für die Besucher. Der Sage nach ist in diesem Höhlenlabyrinth der Schatz des Ritters Lamprecht verborgen. Man kann die Höhle in etwa zwei Stunden auf eigene Faust erkunden. Besonders im Sommer, wenn die Temperaturen sehr hoch sind, ist sie ein beliebtes Ausflugsziel, da es im Innern immer schön kühl bleibt.

www.lamprechtshöhle.at • ab 1. Mai tgl. 9–17 Uhr • Führungen 6,50 €, Kinder 3,50 €

16 km nördl. von Saalfelden

◎ Sommerrodelbahn Biberg 👫   📖 D 4

Mit 63 Kurven, drei Jumps und zwei Tunnel auf einer Wegstrecke von 1632 m gilt die Sommerrodelbahn als die längste Europas. Zum Startpunkt gelangt man mit dem Sessellift vom Saalfeldener Ortsteil Kehlbach.

Mai, Juni, Sept. tgl. 9–17, Juli, Aug. 9–18 Uhr • Berg- und Talfahrt 15,50 €, Kinder 10,60 €

3,5 km südwestl. von Saalfelden

◎ Vorderkaserklamm   📖 C 3

Ein Ausflug zur Vorderkaserklamm, die sich zwischen den beiden Ortschaften St. Martin und Weißbach befindet, kann schön mit Grillen und Baden in dem rundherum gelegenen Naherholungsgebiet kombiniert werden. In jahrtausendelanger Arbeit hat der Ödenbach die 80 m tiefe und 400 m lange Schlucht in den Fels gegraben.

www.vorderkaserklamm.at • Mai–Sept., Okt. tgl. 9.30–17, Juli, Aug. 9.30–18 Uhr • Eintritt 4,50 €, Kinder 2,60 €

18 km nördl. von Saalfelden

Uttendorf   📖 B 5

2900 Einwohner

Uttendorf ist Ausgangspunkt für eine Fahrt mit der Weißsee-Gletscherbahn hinauf zum Alpinzentrum Rudolfshütte am 2310 m hoch gelegenen Weißsee (Mitte Juni–Ende Sept. 9.30–17 Uhr, Berg- und Talfahrt 23 €, Kinder 11,50 €). Am Ufer des aufgestauten Weißsees, der idealer Ausgangspunkt für Hochgebirgstouren ist, liegt in einer malerischen Hochgebirgslandschaft die zum Hotel ausgebaute Rudolfshütte (www.rudolfshuette.com). Hier ist das Alpin- und Ausbildungszentrum des Österreichischen Alpenvereins untergebracht.

www.uttendorf.com

SEHENSWERTES

Keltendorf

Bereits vor über 50 Jahren wurden bei Uttendorf Reste einer prähistorischen Siedlung gefunden. Im Jahr 2001 schließlich begann man auf dem Steinerbichl oberhalb von Uttendorf mit dem Nachbau eines Keltendorfs, aus dem ein aktives Erlebnismuseum samt Gemeinschaftshaus, Webhaus und Baumkreis wurde. Dabei können die Besucher erleben, wie die Kelten seinerzeit gelebt haben, die sich mit dem Kupferbergbau und dem Tauschhandel bis nach Oberitalien beschäftigten. Führungen, bei denen man auch selbst Hand anlegen kann, gibt es jeweils am Donnerstag um 13, 15 und 17 Uhr während des Sommers (mit Hohe Tauern Card & SalzburgerLand Card

kostenlos). Das Dorf kann von außen jederzeit besichtigt werden.
Tel. 0 65 63/82 79-0 • www.utten dorf.com • Führungen Do 13, 15 und 17 Uhr (Dauer: 1 Std.) • Führung 8 €, Kinder 4 €

Zell am See   🏙 C5

9925 Einwohner
Die kleine Klostersiedlung aus dem Jahr 740 hat sich im Lauf der Zeit zu einem exklusiven Fremdenverkehrszentrum gemausert, das einen Teil der Europa-Sportregion Kaprun–Zell am See ausmacht. Nicht nur die geografische Lage – direkt am Zeller See, mit der Schmittenhöhe (1965 m), Österreichs schönstem Aussichtsberg, im Rücken –, sondern auch der Anschluss an das Eisenbahnnetz 1875 verhalfen dem Örtchen zu seinem rasanten wirtschaftlichen Aufschwung. Vom alten Ortskern sind noch erhalten: das Schloss Rosenberg aus dem Jahr 1583 (jetzt Rathaus), der Vogt- oder Kastnerturm aus dem 13. Jh. und die Pfarrkirche St. Hippolyth, eine romanische Anlage des 11. Jh. Sehenswert ist auch das Hotel Lebzelter direkt neben dem Vogttum. Diese traditionsreiche Zeller Gaststätte besitzt seit 1484 die Gewerbeberechtigung für den Alkoholausschank.
www.zellamsee-kaprun.com

SEHENSWERTES
Vogtturm
Der historische Turm im Zentrum von Zell am See beherbergt heute das Heimatmuseum und bietet den Besuchern viele interessante Exponate zur Geschichte der Region.
Stadtplatz • Tel. 06 64/58 627 06 • Mai–Okt., Dez.–April Mo, Mi, Fr 13.30–17.30 Uhr • Eintritt 3,30 €

ÜBERNACHTEN
Grand Hotel
Luxushotel mit Seeblick • Exklusive Viersterne-Hotelanlage direkt am See. Die Zimmer im Seehotel sind modern eingerichtet, die Suiten im Stil von Alt-Österreich.
Esplanade 4 • Tel. 0 65 42/7 88-0 • www.grandhotel-zellamsee.at • 115 Zimmer • 🐾 • €€€€

Schloss Prielau
Topadresse für Gourmets • Das romantische Schloss, nur wenige Schritte vom Nordufer des Zeller Sees entfernt, ist ein exklusives Refugium. Gediegene Nostalgiezimmer und Suiten, dazu das von Küchenchef Andreas Mayer geführte Restaurant mit zwei Michelinsternen bieten Urlaubskomfort der Extraklasse. Man kann sogar einen Porsche mieten, denn das Anwesen befindet sich im Besitz der gleichnamigen Familie.
Hofmannsthalstr. 12 • Tel. 0 55 42/72 91 10 • www.schloss-prielau.at • 6 Zimmer, 2 Suiten • €€€€

ESSEN UND TRINKEN
Steinerwirt
Traditionell und authentisch • Das aufwendig renovierte Gasthaus ist fast so alt wie die Entdeckung Amerikas. Die Geschichte geht bis auf 1493 zurück, heute gibt es neben der klassischen Küche noch viel Kultur.
Dreifaltigkeitsgasse 2 • Tel. 0 65 42/ 7 25 02 • www.steinerwirt.com • tgl. 7–24 Uhr geöffnet • €€

AM ABEND
Insider
Angesagte Bar und beliebter Treffpunkt im Zentrum von Zell am See.
Kreuzgasse 1 • Tel. 0 65 42/7 39 69 • www.insider-bar.at • tgl. geöffnet

Die Großglockner Hochalpenstraße (▶ MERIAN TopTen, S. 89) windet sich mit 36 Kehren hinauf auf 2504 m Seehöhe. Sie verbindet das Salzburger Land mit dem südlich gelegenen Bundesland Kärnten.

Touren und Ausflüge

Mit dem Fahrrad oder zu Fuß lassen sich die schönsten Winkel des Salzburger Landes fernab von Hauptstraßen auf geschichtsträchtigen Wegen erkunden.

Wandern auf dem Arnoweg – Kulturhistorische und landschaftliche Höhepunkte

Charakteristik: Die gesamte Strecke ist leicht begehbar. Ausdauer und manchmal Schwindelfreiheit und Trittsicherheit sind erforderlich. Ausnahme bildet eine Variante in den Hohen Tauern **Dauer:** Nach Lust und Laune. Es sind sowohl Tagestouren als auch mehrtägige Trekking-Touren möglich **Länge:** Hauptstrecke 800 km **Einkehrtipp:** Gasthof Ammererhof, Kolm Saigurn, Rauris, Tel. 0 65 44/81 12, www.ammererhof.at €€

Karte ▶ Klappe vorne

Einmal rund um das Salzburger Land mit vielen kulturellen und landschaftlichen Höhepunkten: Der Arnoweg führt von Salzburg (Start- und Endpunkt Salzburger Dom) zunächst nach Süden vorbei am Untersberg über das bayerische Marktschellenberg nach Hallein. Von Golling geht es dann auf einen Besuch in die Königssee-Gegend mit St. Bartholomä und einer hochalpinen Tour übers Kärlingerhaus nach Lofer. Über Saalfelden kommt man nach Zell am See und wandert westwärts auf einem Höhenweg über den Pass Thurn bis **Krimml** ⭐. Nun geht's nach Süden hinauf zum berühmten Krimmler Tauernhaus, weiter zum Gipfel des 2888 m hohen Gamsspitzl und schließlich ostwärts vorbei am Großvenediger ins Gasteinertal. Auf diesem Abschnitt sind einige hochalpine Passagen zu absolvieren wie zum Beispiel der Aufstieg zum 3105 m hohen Zittelhaus beim Hohen Sonnblick.

Über den Katschberg führt der Weg in den Lungau und via Obertauern und Zauchensee bis Filzmoos und Abtenau. Vorbei am Fuschlsee wandert man zum Mattsee, und nach einer Schleife durchs Alpenvorland mit einem Abstecher Richtung Salzach kommt man wieder nach Salzburg.

Die etwa 800 km lange Hauptstrecke und die rund 400 km langen Strecken, die davon abzweigen, sind recht gut zu finden, denn sie wurden einheitlich ausgeschildert. Da der Adler das Wappentier des Erzbischofs war, ergänzt der König der Lüfte nun den Schriftzug auf den neuen Wegweisern.

Die Route des Arnoweges wurde so gewählt, dass sie – mit Ausnahme einer Variante in den Hohen Tauern – durchwegs über Wege führt, die für ausdauernde Wanderer ohne Hochgebirgserfahrung leicht begehbar sind, obwohl an einigen Stellen Trittsicherheit und Schwindelfreiheit erforderlich sind.

Auf den alpinen Abschnitten sollte man gut planen und die Nachtquartiere überlegt buchen. Vor allem die bekannteren Hütten sind in der Sommersaison schnell ausgebucht, und die nächste Alternative ist dann nur mühsam erreichbar. Die Mühe lohnt sich. Intensiver als auf dem Arnoweg kann man das Salzburger Land kaum kennenlernen.

INFORMATIONEN
Salzburger Land Tourismus GmbH
Tel. 06 62/66 88-0 • www.meinarno weg.at , www.arnoweg.com

Unterwegs durch das Salzburger Seenland – Auf den Spuren der Literaten

Charakteristik: Gemütliche Radtour mit leichten Steigungen, die aber gut zu bewältigen sind. Die Strecke ist familientauglich **Dauer:** Tagestour **Länge:** 42 km

Einkehrtipp: Landgasthof Holznerwirt, Dorf 4, Eugendorf, Tel. 0 62 25/82 05, www.holznerwirt.at €€

D/E 2

Hier weilten große Literaten gerne zur Sommerfrische. Start frei für die Seentour auf dem Drahtesel vorbei an Waller-, Matt-, Obertrumer und Grabensee. Die knapp 100 km sind mit Richtungstafeln ausgeschildert, die den Weg weisen. Wählen Sie für diese Radwanderung das Frühjahr oder den Herbst, denn im Sommer ist Hochsaison in der nahe gelegenen Mozartstadt und das Seengebiet von Ausflüglern überflutet. Start und Ziel dieser Tour ist Salzburg.

Der gesamte Streckenverlauf passiert die Orte Eugendorf, Seekirchen am Wallersee, Henndorf am Wallersee, Neumarkt am Wallersee, Schleedorf, Berndorf bei Salzburg, Nußdorf, Michaelbeuern, Lamprechtshausen, St. Georgen, Oberndorf, Anthering und Bergheim.

Bei unserem Tagesausflug sind insgesamt 42 km zu radeln. Wir treffen dabei auf Spuren großer Literaten wie Carl Zuckmayer, Ödön von Horváth und Thomas Bernhard, die allesamt in Beziehung zum Etappenziel Henndorf am Wallersee standen.

Wer sich noch ein bisschen freistrampeln möchte, fährt nach Seekirchen am Wallersee. Von hier aus soll um das Jahr 700 der hl. Rupert, der Schutzpatron des Landes Salzburg, die Besiedelung des Landes begonnen haben.

Der Wallersee (▶ S. 105) ist bestens für einen Segeltörn geeignet.

Über Schleedorf mit seinen stattlichen Bauernhöfen und der romantischen **Tiefensteinklamm** erreichen Sie Mattsee, um dort einen der köstlichen Seefische zu probieren und ein erfrischendes Bad zu nehmen.

INFORMATIONEN

Salzburger Seenland Tourismus GmbH

Tel. 0 62 12/3 03 70-23 • www.salzburger-seenland.at

Zum Gipfel des Hochkönig – Wanderung auf den Berg der Sagen

Charakteristik: Gemütliche Tour, die dennoch Trittsicherheit sowie eine gute Kondition und geeignete Ausrüstung erfordert. Es gibt leichtere und schwierigere Routen **Dauer:** Ein- bis Zwei-Tages-Tour, 5–7 Stunden (einfacher Weg) **Länge:**

10 km/1700 Höhenmeter **Einkehrtipp:** Berghotel Arthurhaus, Mühlbach, Tel. 0 64 57/72 02, www.arthurhaus.at €€

Karte ▶ S. 107

Perfekte Aussichten auf dem Weg zum Hochkönig (▶ S. 106).

Das »ewige Schneegebirge« ist Heimat vieler Sagen und Legenden. Eine Berglandschaft voller Kontraste hält der Pinzgau bereit: Im Norden stößt er an schroffe Kalkmassive, im Süden reicht er bis zu den eisbedeckten Dreitausendern der Hohen Tauern, und dazwischen weiten sich sanfte Täler, die von grasbedeckten Bergen gesäumt werden.

Das Wandergebiet gehört zum »Naturschutzgebiet Kalkhochalpen« und weist sehr viel Ursprünglichkeit auf. Imposante Kalkstöcke und Karsterscheinungen prägen das Land-

schaftsbild. Ziel ist der Gipfel des Hochkönig (2941 m), der zwischen den wilden Kalkfelsen der Berchtesgadener Alpen und den sanften Kuppen der Salzburger Schieferalpen liegt. Wanderfreunde können sich unter mehreren Routen diejenige aussuchen, die ihrer Kondition und ihrem Können am besten entspricht. Die hier gewählte Tour ist zwar gemütlich, erfordert aber trotzdem eine gute Kondition und setzt Trittsicherheit voraus

Arthurhaus ▶ Schartensteig

Zum Ausgangspunkt, dem Arthurhaus bei Mühlbach (1502 m), gelangen Sie mit dem Bus oder dem eigenen Wagen. Das Arthurhaus ist ein Dreisternehotel und liegt rund 7 km oberhalb von Mühlbach an der Panoramastraße. Hier startete auch der Theologieprofessor Peter Carl Thurnwieser die Erstbesteigung des Hochkönig im Jahr 1826. Der Hochkönig Wanderbus verkehrt von Juni–Oktober täglich von Maria Alm über Hinterthal, Filzensattel, Dienten, Dientnersattel, Mühlbach/Hochkönig und Arthurhaus nach Bischofshofen und auch zurück.

Eine halbe Stunde geht es vom Arthurhaus aus bergauf zur Mitterfeldalm (1669 m), dem letzten Posten im begrünten Weideland. Der weitere Weg führt durch eine beeindruckende vegetationslose Karstlandschaft, vorbei an der imposanten Torsäule (2587 m) über das Ochsenkar und den Schartensteig.

Übergossene Alm ▸ Matrashaus

Nun geht es weiter zum Plateaugletscher der Übergossenen Alm im Südosten des Steinernen Meeres. Der Name der Alm kommt von einer alten Sage, wonach die einst reichen und verschwenderischen Senner und Sennerinnen mit einem Unwetter und ewigem Eis für ihr habgieriges Treiben bestraft wurden. Unerwartet mühsam gestaltet sich noch der Weg über die Firn- und Geröllfelder. Die letzte Steilstufe, die Sie von Ihrem Ziel trennt, überwinden Sie gefahrlos über eine Leiter.

Im Matrashaus auf dem Gipfel des Hochkönig kann man übernachten (Mitte Juni–Mitte Okt.) und bei entsprechender Witterung einen traumhaften Sonnenunter- oder -aufgang erleben. Und vielleicht erzählt man Ihnen ja eine der zahlreichen Sagen: Schöne Mädchen lebten einst in der Einsamkeit, wo ihre Fantasie seltsame Blüten trieb. Kühe bekamen goldene Glocken, die jungen Männer wurden mit Wein bewirtet. Als sie dann einem müden Wanderer die Gastfreundschaft verwehrten, war das himmlische Strafgericht mit seiner Geduld am Ende. Es verwandelte die grünende Alm in ein Schneefeld, unter dem die Mädchen bis heute begraben sind. So berichtet es zumindest die Sage.

INFORMATIONEN

Fremdenverkehrsverein Mühlbach am Hochkönig

Tel. 0 64 67/72 35-0 • www.hoch koenig.at

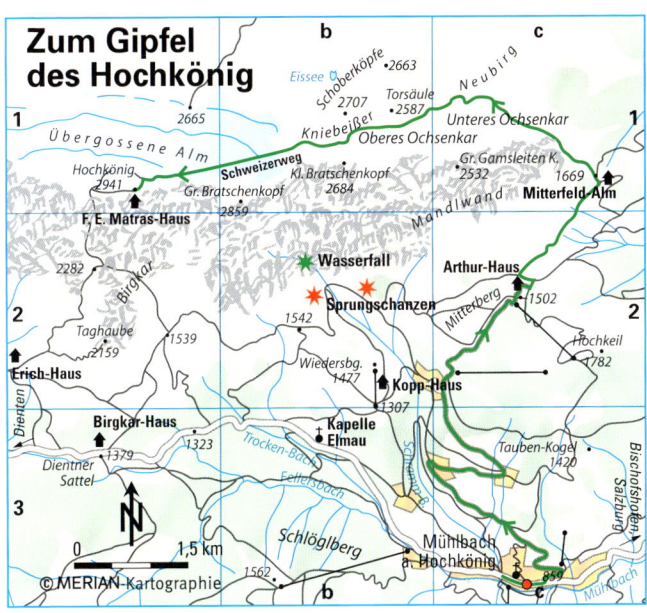

Am Residenzplatz (▸ S. 43) in Salzburg warten Pferdekutschen auf Kundschaft. Im Hintergrund der Residenzbrunnen, der aus Untersberger Marmor gehauen wurde.

Wissenswertes über die Region

Nützliche Informationen für einen gelungenen Aufenthalt – Fakten über Land, Leute und Geschichte sowie Reisepraktisches von A bis Z.

Auf einen Blick

Mehr erfahren über Salzburg und das Salzburger Land –
Informationen über Land und Leute, von Lage und Geografie
über Politik bis Wirtschaft.

Amtssprache: Deutsch
Einwohner: 549 000
Fläche: 7154 km²
Grösste Stadt: Salzburg,
152 000 Einwohner
Höchster Berg: Großvenediger,
3667 m
Internet: www.salzburgerland.com
Religion: 80 % römisch-katholisch,
3,5 % protestantisch, 16,5 % Sonstige
Währung: Euro

Lage und Geografie

Das Bundesland Salzburg grenzt im
Nordwesten an Deutschland, im
Nordosten an Oberösterreich und
im Süden an Osttirol, Kärnten und
die Steiermark. Es ist in fünf Gaue
aufgeteilt. Dies ist im Norden der
Flachgau, der sich auf das Voralpen-
land und den Rand der nördlichen
Kalkalpen ausbreitet. Zum südlich
an den Flachgau anschließenden
Tennengau gehört das flache Land
südlich von Salzburg mit Hallein als
bekanntester Stadt sowie das sich
angrenzende Tennengebirge. Der
Pinzgau weiter südlich nimmt den
gesamten Westen des Bundeslandes
von der Grenze zu Bayern bis zum
Gerlospass Richtung Tiroler Ziller-
tal ein. Er ist der flächenmäßig
größte Gau. Der Pongau liegt etwa
in der Mitte der südlichen Gaue

◀ Traditionen werden gepflegt: Eine Blaskapelle spielt auf dem Alten Markt (▶ S. 37) in Salzburg.

mit Bischofshofen, Altenmarkt und Flachau als bekannteste Ortschaften. Ganz im Südosten liegt der Lungau, der an Kärnten und die Steiermark grenzt.

Politik

Salzburg ist die Hauptstadt des Bundeslandes Salzburg, eines der neun Bundesländer der Republik Österreich. Jedes Bundesland hat Hoheitsrechte der Landesverwaltung und der Landesgesetzgebung. Alle fünf Jahre wird von der Landesbevölkerung der Landtag gewählt. Der Landeshauptmann ist Vorsitzender der Landesregierung. Traditionsgemäß erreicht die Österreichische Volkspartei (ÖVP) bei Landtagswahlen das beste Ergebnis, wenngleich sie in jüngerer Zeit etliche Einbußen in Kauf nehmen musste. Ihrer traditionellen Konkurrentin, der Sozialdemokratischen Partei (SPÖ), geht es aber auch nicht wesentlich besser.

2004 wurde Gabi Burgstaller von der SPÖ als erste Frau an die Spitze des Bundeslandes Salzburg gewählt. Die gelernte Juristin wurde am 1. März 2009 vom Salzburger Landtag für eine neue Legislaturperiode wiedergewählt. Seit 2013 regiert Dr. Wilfried Haslauer von der ÖVP mit einer schwarz-grünen Koalition.

Das Bundesland Salzburg gliedert sich in sechs Bezirke sowie eine Stadt mit eigenem Statut: Stadt Salzburg, Salzburg-Umgebung, Flachgau, Tennengau, Pinzgau, Pongau und Lungau. Die einzelnen Bezirke sind nach Ortsgemeinden unterteilt, die eigene Gemeindeverwaltungen besitzen.

Neben den 119 Ortsgemeinden Salzburgs existieren weitere 30 Marktgemeinden und die vier Stadtgemeinden Salzburg, Hallein, Radstadt und Zell am See.

Wirtschaft

Der Anteil der forst- und landwirtschaftlichen Nutzfläche ist mit 46 Prozent im weltweiten Vergleich relativ hoch; dennoch verdienen nur knapp 8 Prozent der Erwerbstätigen ihren Lebensunterhalt im Agrarsektor. Ein Drittel der Salzburger ist in der Industrie, im Gewerbe und in der Elektrizitätswirtschaft beschäftigt. Das Gros – mit über 60 Prozent – ist im Dienstleistungssektor und im Handel tätig.

Besondere Bedeutung kommt der Wirtschaft im Salzburger Land durch die verkehrsgünstige Lage zu. Seit 1995 pflegen die Stadt Salzburg sowie die Bezirke Flachgau, Tennengau, Pongau und Pinzgau eine wirtschaftliche und kulturelle Kooperation mit bayerischen Nachbar-Landkreisen innerhalb der EuRegio Salzburg–Berchtesgadener Land–Traunstein. Verkehrstechnisch spielt auch das sogenannte kleine deutsche Eck als Verbindungsstraße zwischen Salzburg und Tirol via Bad Reichenhall und Lofer eine wichtige Rolle. Der Einkaufstourismus hat in den letzten Jahren auch durch die Eröffnung zweier großer Shoppingzentren am Stadtrand von Salzburg eine starke Zunahme erfahren.

Unter den wichtigsten Unternehmen Salzburgs nimmt Red Bull eine Sonderstellung ein. Der Energy-Drink-Riese residiert in Fuschl am See und hat mit zahlreichen Aktivitäten in Gastronomie und Sport für erhebliche Impulse gesorgt.

Geschichte

1800–900 v. Chr.
Schon in der Bronzezeit entwickelt sich Salzburg zum Zentrum des mitteleuropäischen Kupferhandels. Auf dem Mitterberg bei Mühlbach am Hochkönig steht das größte Bergwerk.

900–400 v. Chr.
Beginn des Salzbergbaus in der Hallstattzeit.

15 v. Chr.
Die Römer erobern das keltische Königreich Norikum, das unter Augustus zur römischen Provinz erklärt wird. Gründung von Juvavum, dem heutigen Salzburg.

45 n. Chr.
Kaiser Claudius verleiht Juvavum das Stadtrecht.

Nach 488
Die Römer ziehen sich zurück. Zu Anfang des 6. Jh. siedeln sich die Bajuwaren (Baiern) im Norden des Flachlandes an.

Um 696
Der hl. Rupert, Bischof von Worms, gründet das Kloster St. Peter und das Kloster auf dem Nonnberg.

774
Eine Blüte geistiger Kultur erlebt Salzburg unter Bischof Virgil (745–784) und anschließend unter Bischof Arno (785–821), der 798 Erzbischof wird.

1077
Die Festungen Hohensalzburg, Hohenwerfen und Friesach werden zum Schutz gegen die Truppen König Heinrich IV. erbaut.

1166
Im Konflikt Kaiser Friedrich I. mit dem Papst schlägt sich Salzburg wieder auf die Seite der Kirche. Der Kaiser verhängt die Reichsacht über die Stadt. Brandstifter legen Salzburg in Schutt und Asche.

13. Jh.
Erzbischof Eberhard II. begründet die salzburgische Landeshoheit.

1348/1349
Ein Drittel der Salzburger Stadt- und Landbevölkerung stirbt an der Pest.

1495–1519
Die Festung Hohensalzburg wird ausgebaut.

1587–1612
Wolf Dietrich von Raitenau lässt das mittelalterliche Salzburg in eine barocke Fürstenstadt umgestalten.

1622
Die Universität wird gegründet.

1756
Wolfgang Amadeus Mozart wird in Salzburg geboren.

1800
Französische Truppen unter Napoleon marschieren in Salzburg ein und besetzen die Stadt.

1803–1816
1803 wird das Erzstift Salzburg säkularisiert. Es fällt als Kurfürstentum an den Großherzog Ferdinand III. von Toskana. 1805 geht es mit Berchtesgaden an Österreich, 1810 an Bayern und 1816 wieder an Österreich.

1861
Salzburg erhält eine Volksvertretung und eine Landesregierung.

1880
Die Internationale Stiftung Mozarteum wird ins Leben gerufen.

1920
Die Salzburger Festspiele werden mit Hugo von Hofmannsthals »Jedermann« eröffnet. Nach dem Zusammenbruch der Donaumonarchie 1918 wird Salzburg 1920 österreichisches Bundesland.

1938
Deutsche Truppen marschieren in Österreich ein.

1944/1945
Bei Bombenangriffen werden große Teile der Stadt zerstört. Am 10. Mai marschieren amerikanische Truppen in Salzburg ein.

1945
Salzburg ist wieder österreichisches Bundesland.

1983
Der Salzburger Landtag beschließt die Errichtung des Nationalparks Hohe Tauern.

1995
Am 1. Januar wird Österreich Mitglied der Europäischen Union.

1997
Am 1. Januar wird die Salzburger Altstadt UNESCO-Kulturerbe.

2000
Bei einem Brand in der Bahn von Kaprun auf das Kitzsteinhorn sterben 155 Menschen.

2002
Der Euro löst den österreichischen Schilling ab.

2006
Mozarts 250. Geburtstag.

2009–2014
In Salzburg wird der Bahnhof komplett umgebaut, das Hauptgebäude im Stil des frühen 20. Jh. neu gestaltet.

2017
In Bad Hofgastein im Gasteinertal werden zwei Thermalwasser-Badeseen realisiert, ein österreichweit einzigartiges Angebot.

Reisepraktisches von A–Z

ANREISE

MIT DEM AUTO

Die kürzeste Strecke von Deutschland nach Salzburg führt über München. Auf der A 8 erreicht man von dort aus nach knapp 140 km Salzburg. Zürich trennen 450 km von der Mozartstadt. Autofahrer benötigen den nationalen Führerschein, die nationale Zulassung und ein Nationalitätenkennzeichen (D, CH). Pflicht sind Verbandskasten, ein Warndreieck sowie Warnwesten für alle Insassen. Die grüne Versicherungskarte ist empfehlenswert. Die Promillegrenze liegt bei 0,5. In Österreich gilt ein Tempolimit von 130 km/h auf Autobahnen, 100 km/h auf Landstraßen, außerdem 50 km/h im Ortsbereich.

Für Fahrten auf allen österreichischen Autobahnen braucht man eine Vignette, das sogenannte »Pickerl«. Darüber hinaus sind einige Straßen noch extra mautpflichtig: die Tauernautobahn zwischen Flachauwinkel und Rennweg, die Gerlosstraße, die Felbertauernstraße, die Großglockner Hochalpenstraße, die Gasteiner Alpenstraße auf das Naßfeld, die Postalmstraße und einige kleinere Bergstrecken. Für Pkw gilt vom 1.11. bis 15.4. bei winterlichen Straßenverhältnissen Winterreifenpflicht und bei extremen Bedingungen auch lokal Kettenpflicht.

MIT DEM FLUGZEUG

AirBerlin verbindet die deutschen Städte Berlin (Tegel), Düsseldorf und Hamburg mit der Mozartstadt. Buchungen unter www.airberlin.com, Servicecenter Tel. 0 30/34 34 34 34 (Deutschland). Tel. 08 20/73 78 00 (Österreich), Tel. 08 48/73 78 00 (Schweiz). Germanwings fliegt bis zu sechsmal in der Woche zwischen Salzburg und vielen deutschen Städten (www.germanwings.com, Tel. 0 18 06/32 03 20). Auch Eurowings (www.eurowings.com) bietet zahlreiche Verbindungen zwischen Salzburg und deutschen Flughäfen an.

Weitere Linienflüge von Deutschland nach Salzburg gehen alle über Frankfurt als Gemeinschaftsflüge von Austrian und Lufthansa. Von Zürich gibt es Swiss-Verbindungen in Kooperation mit Austrian via Wien oder Frankfurt (www.swiss.com).

Der Flughafen von Salzburg (Salzburg Wolfgang Amadeus Mozart) liegt etwa 6 km nordwestlich der Stadt und nahe der Autobahn.

Die Innenstadt erreichen Sie von dort mit dem Taxi (rund 13 €) oder mit dem Bus. Wer dennoch nicht auf den eigenen fahrbaren Untersatz verzichten will, kann direkt am Flughafen einen Leihwagen anmieten. Ein Leihwagen lohnt sich freilich nur, wenn auch Ausfüge in das Umland geplant sind. In der Stadt ist das Auto sonst eher hinderlich. Weitere Informationen dazu gibt die Salzburg-Informationsstelle am Flughafen unter Tel. 06 62/85 20 91 oder 85 12 11, www.salzburg-airport.com.

Auf www.atmosfair.de und www.myclimate.org kann jeder Reisende durch eine Spende für Klimaschutzprojekte für die CO_2-Emission seines Fluges aufkommen.

MIT DEM ZUG

Salzburg ist internationaler Eisenbahnknotenpunkt. Die Stadt liegt auf der Nord-Süd-Strecke von Deutschland über Italien in die Balkanländer und an der West-Ost-Verbindung von Frankreich über die Schweiz nach Ungarn. Die Fahrtzeit Frankfurt–Salzburg beträgt ca. 5 Stunden, von München im Railjet ca. 1,5, von Zürich ca. 6 Stunden. Autoreisezüge verkehren von Düsseldorf-Hauptbahnhof, Köln-Deutz, Wien und Feldkirch nach Salzburg. Frühbucherrabatte helfen Reisekosten sparen. Für die An- und Abreise über Nacht nach Salzburg empfiehlt sich die CityNightLine (Tel. 0 18 05/ 96 66 33 bzw. www.citynightline.de).

AUSKUNFT

IN DEUTSCHLAND

Österreich Werbung
Tel. 0 08 00/40 02 00 00 • www. austria.info/de

IN DER SCHWEIZ

Österreich Werbung
Tel. 0 08 00/40 02 00 00 • www. austria.info/de

IN SALZBURG

Salzburg Information/Salzburg Congress
– Auerspergstr. 6/7, 5020 Salzburg • Tel. 06 62/88 98 70 • www.salz burg.info (kein Parteiverkehr)
▶ Klappe hinten, b 1
– Mozartplatz 5   ▶ Klappe hinten, e 4
– Hauptbahnhof (Bahnsteig 10)
▶ Klappe hinten, nördl. c 1

Salzburger Land Tourismus GmbH   E 1
Postfach 1, 5300 Hallwang • Tel. 06 62/ 6 68 80 • www.salzburgerland.com

IM SALZBURGER LAND
In allen Orten mit Fremdenverkehrsbüros – und davon gibt es im Salzbur-

ger Land eine ganze Menge – erhalten Sie Auskunft über die jeweilige Ortschaft bzw. die betreffende Region.

BAUERNHERBST

Der Sommer neigt sich dem Ende zu. Kenner stehen dann in den Startlöchern für den Bauernherbst. Vor gut zehn Jahren ins Leben gerufen, hat sich diese Veranstaltung zum größten Fest im Salzburger Land gemausert. Seitdem machen die Salzburger »mehr Lust aufs Land«. Insgesamt rund 80 Orte in allen Regionen, vom Alpenvorland bis in den Nationalpark Hohe Tauern, vom Lungau bis ins Salzkammergut, feiern von Ende August bis Ende Oktober die Ernte und das Ende des Sommers mit über 2000 Veranstaltungen, bunten Almabtrieben, regionalen Spezialitäten und Volksmusik. Auf Bauernmärkten und Bauernherbstfesten gewinnt man jede Woche in mehreren Orten Einblick in die traditionelle Kultur und das bäuerliche Leben. Die landwirtschaftlichen Produkte spiegeln das vielfältige Angebot der jeweiligen Region wider. Die Salzburger Bauern haben bei diesen Veranstaltungen die einmalige Gelegenheit, ihre Produkte, die sie gerade von den Feldern geerntet haben, direkt zu vermarkten. Darüber hinaus wird bäuerliches Handwerk vorgeführt und Kunsthandwerk angeboten. Und das alles für Einheimische und Besucher gleichermaßen. Nicht inszeniert, sondern echt!
Ausführliche Informationen zu den Terminen der einzelnen Veranstaltungen gibt es bei Salzburger Land Tourismus GmbH (▶ Auskunft, S. 115) oder im Internet unter www. bauernherbst.com.

BUCHTIPPS

111 Orte in Salzburg, die man gesehen haben muss (Emons, 2013) Eine Sammlung von bekannten Sehenswürdigkeiten, Geheimtipps und verborgenen Details, die einen Salzburg-Besuch gut ergänzen und bereichern können. Der Band ist ideal für Menschen, die Salzburg bereits kennen, jedoch auch für diejenigen, die sich selbst beim ersten Besuch mit Altbekanntem allein nicht begnügen wollen. Dieses Buch bezieht sich auf die Stadt Salzburg. Es gibt vom selben Verlag und Autor auch eine Version für das Salzkammergut mit 111 sehenswerten Orten.

Martin Geck: Mozart. Eine Biographie (Rowohlt, 2007) Auf faszinierende Weise erzählt Martin Geck die Lebensgeschichte des leidenschaftlichen Weltkinds und begnadeten Künstlers Wolfgang Amadeus Mozart. Der Musikwissenschaftler entwirft ein an Quellen und Selbstzeugnissen orientiertes, facettenreiches Porträt des komponierenden Genies. Eine mit leichter Hand geschriebene Biografie.

Herbert Rosendorfer: Salzburg für Anfänger (dtv, 2005) »Salzburg ist das ›Bayreuth‹ für diejenigen, die Wagner nicht mögen ... « Der Autor führt den Leser kurzweilig an der Hand, informiert humorvoll, charmant und stets mit einem Augenzwinkern über die Stadt, ihre Sehenswürdigkeiten und die Festspiele. Ein ungewöhnlicher, unbedingt lesenswerter Führer durch Salzburg.

DIPLOMATISCHE VERTRETUNGEN

Konsulat der Bundesrepublik Deutschland ▶ Klappe hinten, d 3
Dreifaltigkeitsgasse 11, 5020 Salzburg • Tel. 06 62/8 80 20 11 21

Konsulat der Schweiz ▶ Klappe hinten, südöstl. f 6
Alpenstr. 85, 5020 Salzburg • Tel. 06 62/62 25 30

FEIERTAGE

1. Jan. Neujahrstag
6. Jan. Dreikönigstag
Ostermontag
1. Mai Tag der Arbeit
Christi Himmelfahrt
Pfingstmontag
Fronleichnam
15. Aug. Mariä Himmelfahrt
26. Okt. Nationalfeiertag
1. Nov. Allerheiligen
8. Dez. Mariä Empfängnis
25. und 26. Dez. Weihnachten
Banken, Büros und Geschäfte haben an diesen Feiertagen geschlossen.

FESTE UND EVENTS

JANUAR

Perchtenlauf, Abtenau

Ein besonders eindrucksvolles Beispiel für Brauchtumsveranstaltungen ist der Perchtenlauf im Lammertal. Die Schiachperchten erobern den Marktplatz, dazu gibt's Musik und Glühwein. Das Spektakel beginnt um 20 Uhr.
5. Januar • www.lammertal.info

JANUAR/FEBRUAR

Mozartwoche, Salzburg

Internationale Künstler und renommierte Orchester präsentieren zehn bis zwölf Tage lang Werke Mozarts.
Ende Januar • www.mozarteum.at

MÄRZ

Snow Jazz Gastein

Eine ungewöhnliche Kombination aus Jazz und Hütteneinkehr. Wenn die Frühjahrssonne kräftiger wird, lauscht man in und vor den Hütten

oder im Sägewerk in Bad Hofgastein den Auftritten der Jazzgrößen.
Mitte März • www.jazzgastein.com

MÄRZ/APRIL
Osterfestspiele, Salzburg
Herbert von Karajan rief die Osterfestspiele ins Leben, die aus zwei Aufführungszyklen mit je einer Oper, einem Oratorium und zwei Orchesterkonzerten bestehen.
Karwoche • www.osterfestspiele-salzburg.at

Palmeselritt, Hintersee
Brauchtum wird in dem 400-Seelen-Dorf Hintersee hochgehalten. So reitet hier der dienstälteste Ministrant auf dem Palmesel durch den Ort, ein Brauch, der in abgewandelter Form nur noch in Puch bei Salzburg und im Lungau gepflegt wird.
Palmsonntag • www.fuschlseeregion.com

MAI/JUNI
Pfingstfestspiele, Salzburg
Auch die jährlich in Salzburg stattfindenden Pfingstkonzerte gehen auf das Konto von Herbert von Karajan. Bestritten werden sie jedes Jahr von einem anderen Orchester internationalen Rangs.
Pfingstwochenende • www.salzburg.info

JUNI/JULI
Chorfestival, Salzburg
Seit 1995 ist Salzburg Bühne für eine der größten Chorveranstaltungen Österreichs. Hunderte von Chören wetteifern bei einem Wertungssingen im Kongresshaus, dem ein Gemeinschaftssingen auf dem Salzburger Domplatz folgt.
www.messiah-salzburg.at

JUNI–AUGUST
Samsonumzüge
Sein Tänzchen wagt die bis zu 6 m hohe und rund 80 kg schwere Figur, die von einem einzigen Mann getragen wird, an Fronleichnam oder im Sommer in den Orten Mauterndorf, St. Michael, Muhr, Tamsweg, Ramingstein, Lessach, Mariapfarr und in Unternberg. Meist wird der Riese Samson von zwei großköpfigen Zwergen begleitet. Wann er wo genau unterwegs ist, erfährt man bei der Ferienregion Lungau.
www.lungau.at

JUNI–SEPTEMBER
Diabelli-Sommer, Mattsee
Die Festspiele von Anfang Juni bis Mitte September vor den Toren Salzburgs stehen im Zeichen von Anton Diabelli (1781–1858), der von Beethoven geschätzt und von Joseph Haydn besonders gefördert wurde. Der in Mattsee geborene und in Wien lebende Künstler wurde für seine Variationen bekannter Werke von Beethoven, Liszt, Joseph und Michael Haydn, Mozart und Schubert schon zeitlebens besonders geachtet. In diesem Festival verbinden sich Hochkultur und Volkskultur ohne Widerspruch.
www.diabellisommer.at

JULI/AUGUST
Ranggeln auf dem Hundstein, Maria Alm
Geranggelt wird auf dem 2117 m hohen Hundstein immer am letzten Sonntag im Juli. Wilde Kämpfe liefern sich die starken Ranggler, die hier oben einem urtümlichen alpinen Kampfsport huldigen. Der Sieger im »Jakobi-Ranggeln« darf ein Jahr lang den Titel »Hagmoar« tra-

gen. Zu Tausenden kommen die überwiegend einheimischen Zuschauer zu diesem Spektakel.
Ende Juli/Anfang August, 1. Sonntag nach Jakobi • www.hochkoenig.at

Salzburger Festspiele

Seit über 75 Jahren ziehen sie von Mitte Juli bis Ende August wie ein Magnet zahlreiche Besucher aus aller Welt und unterschiedlichster Couleur in die Stadt: die Salzburger Festspiele. Zur Festspielzeit steht die ganze Stadt Kopf. Die Geschäfte sind länger geöffnet, die Preise steigen, und es ist fast unmöglich, eine Bleibe zu finden. Das Festival ist seit 1920, als Max Reinhardt »Jedermann« von Hugo von Hofmannsthal erstmals auf dem Domplatz in Szene setzte, facettenreicher geworden. Das Stück ist aber auch heute noch der Höhepunkt der Festspiele. Zu ihm gesellten sich aber im Laufe der Zeit wechselnde Theaterproduktionen und zahlreiche Konzerte sowie Opernaufführungen.
Mitte Juli–Ende August • www.salzburgerfestspiele.at

AUGUST
Fest in Hellbrunn, Salzburg-Hellbrunn

1970 wurde das Fest in Hellbrunn aus der Taufe gehoben. Seitdem findet es Jahr für Jahr im Schloss und an verschiedenen Spielplätzen im Park statt. Geboten wird eine bunte Mischung aus Theater, Lesungen, Oper, Liederzyklen, Musik und Tanz.
1. und 2. Augustwochenende • www.hellbrunn.at

Schifferstechen in Oberndorf

Ein Geschicklichkeitsspiel nach dem Vorbild mittelalterlicher Ritterturniere liefert sich die Schiffergarde Oberndorf auf der Salzach beim Schifferstechen. Das hat Tradition seit 1640. Alle vier Jahre wird es von der aufwendig inszenierten Piratenschlacht ersetzt.
Wochenende vor dem 15. August • stillenacht-oberndorf.com

Internationales Jazzfestival, Saalfelden

Musiker aus aller Herren Länder stellen die neuesten Entwicklungen des zeitgenössischen Jazz vor.
Ende August • www.jazzsaalfelden.com

»HeuArt« – Kunst aus Heu im Lammertal

Beim Heufigurenumzug werden die Figuren auf prächtig geschmückten Wagen durch den Ort gezogen. Jedes Jahr ist eine andere Gemeinde dran. Zuvor wird nächtelang geschweißt, gezimmert und gebunden.
Letztes Augustwochenende • www.lammertal.info

AUGUST–OKTOBER
Bauernherbst ▶ S. 115

SEPTEMBER
Almabtrieb

Wenn die bunt geschmückten Kühe von den Almen hinunter ins Tal getrieben werden, ist das in vielen Dörfern im Salzburger Land ein wichtiger Teil des Brauchtums – und auch eine touristische Attraktion.
Jedes Wochenende im September • www.salzburgerland.com

OKTOBER
Salzburger Biofest

Das Salzburger Biofest lockt mit allerhand Spezialitäten von Käse,

Wurst, Mehlspeisen und Säften über Präsentationen, die den Biolandbau betreffen, bis Slow Food und umweltfreundliche Heizsysteme. Dazu gibt es Musik und zur Unterhaltung der Kinder eine Hüpfburg. Wer ein Los für die Tombola kauft, kann einen Familienurlaub auf einem Biobauernhof gewinnen.
Salzburg, Kapitelplatz • www.bio-austria.at • 2. Wochenende im Oktober

Salzburger Kulturtage
Für Opern-, Musik- und Ballettfreunde wird seit dem Jahr 1972 diese preisgünstige Alternative zu den Festspielen angeboten.
Letzte beiden Oktoberwochen • www.salzburg.info

DEZEMBER
Adventskonzerte
Adventskonzerte und -singen finden in vielen Orten statt. Das berühmteste ist wohl das Adventssingen in Salzburg. Historisch angehaucht ist jenes in Oberndorf, wo das Weihnachtslied »Stille Nacht« einst entstand.
www.salzburgerland.com

Wolfgangseer Advent
Kerzenlicht, Fackelschein und wärmende Feuerstellen – lohnenswert, auch wenn Sie dabei kurz das Salzburger Land verlassen und nach Oberösterreich »einreisen« müssen.
Märkte Do, Fr 12–19.30, Sa, So, Feiertage 10–19.30 Uhr • www.wolfgang seer-advent.at

GELD
Bargeld bekommen Sie problemlos an den Geldautomaten (Bankomat). Das funktioniert mit der EC-Karte

und häufig auch mit Kreditkarten. Die Banken sind in der Regel Mo–Fr 8–12 und 14–17.30 Uhr geöffnet. Gastronomie- und Unterkunftsbetriebe sowie Geschäfte akzeptieren meist die gängigen Kreditkarten und natürlich die EC-Karte.

KARTENVORVERKAUF
Kartenbüro
Neubaur   ▶ Klappe hinten, westl. a 1
Europastr. 1 /Europark, Salzburg • Tel. 06 62/84 51 10 • www.neubaur. at • Mo–Do 9–19.30, Fr 9–21, Sa 9–18 Uhr

Ticket Shop   ▶ Klappe hinten, c 4
Getreidegasse 5, Salzburg • Tel. 06 62/8 47 76 70 • April–Dez. Mo–Fr 9.30–13, 13.30–18, Sa 10–15, während der Festspielzeit tgl. 9–19 Uhr

LINKS
www.salzburgerland.com
Die Website bietet umfangreiche Informationen über die touristischen Angebote im gesamten Bundesland auf der Seite des Tourismusverbands Salzburger Land.
www.salzburg.info
Alles, was den Besucher in Salzburg interessieren kann, von kulturellen Veranstaltungen, Museen über Kaffeehäuser bis zu einem umfangreichen Hotelverzeichnis, ist auf dieser Seite verzeichnet.
www.stadt-salzburg.at
Wer sich über touristische Infos hinaus über Interna des Lebens in der Stadt Salzburg informieren will, ist hier richtig.
www.salzburg.gv.at
Website mit aktuellen Informationen der Landesregierung, des Landtags und der Verwaltung sowie mit Bürger-Service-Portal.

www.salzburg.com
Tagesaktuelle Infos und Veranstal-
tungstipps sowie Inserate von der
führenden Tageszeitung »Salzburger
Nachrichten« im Salzburger Land.

www.salzburger-fenster.at
Onlinenachrichten und Kleinanzei-
gen auf den Webseiten der Lokalzei-
tung »Salzburger Fenster«.

www.schneehoehen.de
Informationen über die aktuellen
Wintersportbedingungen.

www.stadt-salzburg.at
Homepage des Magistrats der Stadt
Salzburg mit vielen kommunalen
und touristischen Informationen

MEDIZINISCHE VERSORGUNG

KRANKENVERSICHERUNG

Für Deutsche und Schweizer ist die
Vorlage einer Europäischen Versicherungskarte (EHIC) ausreichend.
Als zusätzlicher Versicherungs-
schutz empfiehlt sich zudem der Ab-
schluss einer Auslandskrankenversi-
cherung, die Krankenrücktransporte
immer, nicht nur in medizinisch
notwendigen Fällen, mitversichert.

KRANKENHAUS
**Landeskrankenhaus/St. Johanns
Spital**   ▸ Klappe hinten, a 1
Müllner Hauptstr. 48, Salzburg •
Tel. 06 62/4 48 20 • www.salk.at

APOTHEKEN
Apotheken sind in der Regel von
Mo–Fr 8–12.30 und 14.30–18, Sa 8–
12 Uhr geöffnet.

NEBENKOSTEN

1 Tasse Kaffee	ab 2,80 €
1 Bier	ab 3,80 €
1 Cola	ab 2,80 €
1 Brot (ca. 500 g)	ab 2,70 €
1 Schachtel Zigaretten	ab 4,80 €
1 Liter Benzin	ab 1,40 €
Fahrt mit öffentl. Verkehrsmitteln (Einzelfahrt)	ab 1,30 €
Mietwagen/Tag	ab 60,00 €

NOTRUF

Euronotruf Tel. 112
(Polizei, Feuerwehr, Rettungsdienst)

POST

Postämter sind Mo–Fr 8–12 und 14–
18 Uhr geöffnet. Kassenschluss ist um
17 Uhr. Standardbriefe und Postkar-
ten werden mit 0,80 € frankiert. Das
gilt sowohl im innerösterreichischen
Postverkehr als auch nach Deutschland und in die Schweiz. Briefkästen
sind gelb.

REISEDOKUMENTE

Deutsche und Schweizer können mit
einem gültigen Reisepass oder Per-
sonalausweis (Identitätskarte) einreisen. Kinder benötigen ein eigenes
Ausweisdokument.

REISEWETTER

Wie Deutschland und die Schweiz
hat auch Salzburg ein mitteleuropä-
isches Klima: So ist es am Alpen-
nordrand feucht-kühl, da atlantische
West- und Nordwestwinde zu fast
allen Jahreszeiten feuchte Luftmas-
sen mit sich führen. Diese stauen
sich am Gebirgsrand, kühlen sich ab
und gehen dann als Schnee oder Regen nieder. Die Alpengebiete sind
durch meist relativ kühle Sommer
und lange Winter mit viel Schnee
geprägt.
Die beste Reisezeit für Salzburg und
das Salzburger Land sind demnach
die Sommermonate Juni, Juli und
August. Mai und September eignen
sich besonders für Bergwanderer, da
in der Regel in dieser Zeit ein bestän-

diges, freundliches und nicht zu heißes Wetter vorherrscht.

SALZBURG CARD

Diese Karte gewährt kostenlosen, einmaligen Eintritt zu allen Sehenswürdigkeiten der Stadt, freie Fahrt mit den öffentlichen Verkehrsmitteln, mit der Festungsbahn und dem Salzach-Schiff. Daneben gibt es eine Reihe von Ermäßigungen. Alle Leistungen werden von einer Chipkarte bargeldlos abgebucht. Die »Salzburg Card« bekommt man an der Rezeption der Hotels und bei den Informationsstellen der Stadt. Es gibt sie für 24 Stunden zu 24 € (Kinder 12 €), 48 Stunden zu 32 € (16 €) und 72 Stunden zu 37 € (18,50 €). Zwischen 1. Mai und 31. Okt. jeweils 3/4/5 € (1,50/2/2,50 €).
Info: Tel. 06 62/8 89 87-4 54 • www. salzburg.info/de/hotels-angebote/salzburg-card

SALZBURGERLAND CARD

Freien Eintritt zu über 180 Sehenswürdigkeiten und Attraktionen in der Stadt und im Land Salzburg bietet die »SalzburgerLand Card«. Die 6-Tages-Karte kostet für Erwachsene 66 €, für Kinder (6 bis 15 Jahren) 33 €, die 12-Tages-Karte kostet 81 € und 40,50 € für Kinder. Gültig von Mai bis Oktober.

Besonders attraktiv ist die Card für Familien mit mehr als zwei Kindern, denn ab dem dritten Kind und für alle weiteren ist die All-Inclusive-Card kostenlos, und Kinder unter sechs Jahre haben bei Salzburger Land-Card-Partnern ohnehin freien Eintritt.
Info: Tel. 06 62/66 88 44 • www.salzburgerlandcard.com

TELEFON

VORWAHLEN
D, CH ▸ A 00 43
A ▸ D 00 49
A ▸ CH 00 41
Mobil telefonieren ist nach Wegfall der Roaminggebühren problemlos möglich. Die Netzabdeckung ist selbst in den Bergregionen meist gewährleistet, was im Notfall sogar lebensrettend sein kann.
Die Telefonauskunft erreichen Sie unter der Nummer 1 18 11. Prepaid-SIM-Karten gibt es in Kaufhäusern und Mobilfunkshops.

TIERE

Hunde und Katzen benötigen zur Einreise einen EU-Heimtierausweis (stellt der Tierarzt aus) mit Nachweis einer Tollwutimpfung. Das Tier muss durch einen Mikrochip oder durch eine Tätowierung identifizierbar sein.

Klima (Mittelwerte)	JAN	FEB	MÄR	APR	MAI	JUN	JUL	AUG	SEP	OKT	NOV	DEZ
Tages-temperatur	2	4	10	14	19	22	24	23	20	14	8	2
Nacht-temperatur	-6	-5	-1	4	8	11	13	13	10	4	0	-4
Sonnen-stunden	3	3	5	6	7	7	7	7	6	5	2	2
Regentage pro Monat	12	11	10	13	14	15	15	14	12	10	10	11

TRINKGELD

Ein Trinkgeld von 10 % der Rechnungssumme ist bei Taxifahrten sowie in den Hotels und Restaurants üblich.

VERKEHR

AUTO

Das Salzburger Land verfügt über ein gut ausgebautes Straßennetz. Die Hauptrouten nach Süden (»Tauernautobahn«) und nach Westen (»Westautobahn«) sind gut ausgebaut, ersticken dennoch immer wieder im Verkehr. Besonders in der Urlaubszeit und an Wochenenden kommt es zu Staus, vor allem rund um die Stadt Salzburg und in Grenznähe. Die Salzburger Innenstadt ist teils für den Autoverkehr gesperrt. Stellen Sie Ihr Auto auf einem der großen Parkplätze am Stadtrand ab. Diese Park & Ride-Plätze liegen an der Alpenstraße (Busstation 51), am Flughafen, am Messegelände und beim Designer Outlet.

Wer dennoch Richtung Zentrum unterwegs ist, findet sein Quartier am einfachsten mit dem **Hotelleitsystem**. Wer zu einem der vier Hotelbezirke (mit den Farben Rot, Gelb, Grün und Orange) will, sollte sich an den vier Zufahrtsrouten orientieren. Die Zufahrtsroute Gelb führt von der Info Süd durch die Alpenstraße, die Route Grün von der Autobahnabfahrt West durch die Innsbrucker Bundesstraße Richtung Neutor. Die Zufahrtsroute Orange leitet den Gast von der Autobahnabfahrt Mitte über die Münchner Bundesstraße und Ignaz Harrerstraße in Richtung Bahnhof. Die Hotelroute Rot schließlich führt von der Autobahnausfahrt Nord durch die Vogelweiderstraße.

Bei Fahrten in die Altstadt von Salzburg ist besondere Vorsicht angeraten. Viele Zufahrtsstraßen sind mit versenkbaren Sperren ausgestattet, die schon so mancher Ortsunkundige übersehen hat. Berechtigte Anlieger und Taxifahrer können diese Sperren per Fernbedienung verschwinden lassen.

FAHRRAD

Viele Ausflugsziele sind mit dem Fahrrad ideal zu erreichen. Allerdings gibt es nicht überall separate Fahrradwege. In praktisch jedem größeren Ort verleihen die Sportgeschäfte Fahrräder. In Salzburg können Sie Räder am Hanuschplatz bei Citybike (www.citybikesalzburg.at) mieten und im Sommer (April–Sept./Okt.) bei VELOactive (Tel. 06 62/4 35 59 50) auf dem Residenzplatz.

Im Bundesland Salzburg gibt es allein sechs attraktive Fernradwege: Den Mozart-Radweg (▸ MERIAN Tipp, S. 15), den Tauernradweg (www.tauernradweg.com), Teile der Bajuwaren-Tour (www.chiemsee-chiemgau.info/bajuwaren-rundweg), den Ennsradweg (www.ennsradweg.com), den Salzkammergutradweg (www.radtouren.at/salzkammergutradweg) und den Murradweg (www.murradweg.com) im Süden.

MIETWAGEN

Die bekannten europäischen Mietwagenfirmen bieten zumindest in den größeren Orten und am Flughafen in Salzburg Mietwagen an.

ÖFFENTLICHE VERKEHRSMITTEL

Die städtischen Busse sind in Salzburg Stadt das einzige öffentliche Verkehrsmittel. Sie erreichen damit problemlos alle wichtigen Punkte in der City. Einzelfahrten mit dem Bus kosten 2,60 €, im Vorverkauf 1,90 €. Das 24-Stunden-Ticket gibt es für 5,70 €. Wenn Sie länger in Salzburg bleiben, macht sich auch eine Wochenkarte bezahlt. Freie Fahrt mit allen öffentlichen Verkehrsmitteln haben Sie mit der »Salzburg Card«.

TAXI
Die Salzburger Funktaxi-Vereinigung erreichen Sie über Tel. 81 11. Auskünfte und Vorbestellungen unter Tel. 87 44 00. Die wichtigsten Taxistandplätze in der Innenstadt sind: Hanuschplatz, Residenzplatz, Rudolfsplatz, Café Tomaselli, Mönchsberg-Aufzug, Bahnhof, Hofwirt, Makartplatz, Unfallkrankenhaus, Sheraton Hotel (www.taxi8111.at).

ZEITUNGEN UND ZEITSCHRIFTEN
Die Presselandschaft Salzburgs wird von den Tageszeitungen »Salzburger Nachrichten« und »Salzburger Volkszeitung« bestimmt. Als überregionale Blätter sind »Standard«, »Kurier« und »Die Presse« erhältlich. Die »Salzburger Krone« erscheint als Regionalausgabe der Wiener »Neue Kronen Zeitung«.

ZOLL
Reisende aus Deutschland dürfen Waren abgabenfrei mit nach Hause nehmen, wenn diese für den privaten Gebrauch bestimmt sind. Bestimmte Richtmengen sollten jedoch nicht überschritten werden (z. B. 800 Zigaretten, 90 l Wein, 10 kg Kaffee). Weitere Auskünfte unter www.zoll.de und www.bmf.gv.at/zoll.

Reisende aus der Schweiz dürfen Waren im Wert von 300 SFr abgabenfrei mit nach Hause nehmen, wenn diese für den privaten Gebrauch bestimmt sind. Tabakwaren und Alkohol fallen nicht unter diese Wertgrenze und bleiben in bestimmten Mengen abgabenfrei (z. B. 200 Zigaretten, 2 l Wein). Weitere Auskünfte unter www.zoll.ch.

ENTFERNUNGEN (IN KM) ZWISCHEN WICHTIGEN ORTEN

	Abtenau	Bad Gastein	Krimml	Rauris	Salzburg	St. Gilgen	St. Johann	St. Michael im Lungau	Werfen	Zell am See
Abtenau	–	86	136	86	58	65	49	76	34	88
Bad Gastein	86	–	100	43	101	118	40	107	54	51
Krimml	136	100	–	75	157	166	90	154	110	54
Rauris	86	43	75	–	99	107	29	100	49	25
Salzburg	58	101	157	99	–	33	68	116	55	104
St. Gilgen	65	118	166	107	33	–	78	134	65	121
St. Johann	49	40	90	29	68	78	–	57	17	43
St. Michael im Lungau	76	107	154	100	116	134	57	–	65	110
Werfen	34	54	110	49	55	65	17	65	–	56
Zell am See	88	51	54	25	104	121	43	110	56	–

Orts- und Sachregister

Wird ein Begriff mehrfach aufgeführt, verweist die **halbfett** gedruckte Zahl auf die Hauptnennung. Abkürzungen: Hotel [H], Restaurant [R]

fahr(T)raum

MEILENSTEINE DER MOBILITÄT

Die Ferdinand Porsche Erlebniswelten

Österreichische Automobilgeschichte auf 3.000 m²

Genießen Sie die Ausstellung und eine chauffierte Ausfahrt in einem fast 100 Jahre alten Automobil.

Voranmeldung erforderlich!

… und Leser,

… dass Sie sich für einen Titel aus unserer Reihe MERIAN live! entschieden haben.

… n uns, Ihre Meinung zu diesem Reiseführer zu erfahren. Bitte schreiben Sie uns an

… n@graefe-und-unzer.de, wenn Sie Berichtigungen und Ergänzungen haben – und natür-

… n auch, wenn Ihnen etwas ganz besonders gefällt.

Alle Angaben in diesem Reiseführer sind gewissenhaft geprüft. Preise, Öffnungszeiten usw. können sich aber schnell ändern. Für eventuelle Fehler übernimmt der Verlag keine Haftung.

**BEI INTERESSE AN DIGITALEN DATEN
AUS DER MERIAN-KARTOGRAPHIE:**
kartographie@graefe-und-unzer.de

**BEI INTERESSE AN MASSGESCHNEI-
DERTEN B2B-EDITIONEN:**
gabriella.hoffmann@graefe-und-unzer.de

BEI INTERESSE AN ANZEIGEN:
KV Kommunalverlag GmbH & Co KG
Tel. 0 89/9 28 09 60
info@kommunal-verlag.de

GRÄFE UND UNZER VERLAG
Postfach 86 03 66
81630 München
www.merian.de
LESERSERVICE
merian@graefe-und-unzer.de
Tel. 00800 / 72 37 33 33*
Mo–Do: 9.00 – 17.00 Uhr
Fr: 9.00 – 16.00 Uhr
(*gebührenfrei in D, A, CH)
REDAKTION
Sylvia Hasselbach, Wilhelm Klemm
LEKTORAT UND SATZ
bookwise, München
BILDREDAKTION
Tobias Schärtl, Nora Goth
HERSTELLUNG
Renate Hutt
REIHENGESTALTUNG
La Voilà, Marion Blomeyer & Alexandra
Rusitschka, München und Leipzig
(Coverkonzept, Ergänzungen Innenteil)
Independent Medien Design, Horst Moser,
München (Innenteil)
KARTEN
Kunth Verlag GmbH & Co. KG für
MERIAN-Kartographie
DRUCK UND BINDUNG
Printer Trento, Italien

Ein Unternehmen der
GANSKE VERLAGSGRUPPE

PEFC/18-31-506